# 찻자리, 디자인하다

## Tea Table Design

사진으로
보는
사계절
찻자리

# 찻자리, 디자인하다
Tea Table Design

이연자 지음

오픈하우스

평생의 차벗이자, 한지붕 아래 살고 있는

청암 김대성님께 이 책을 바친다.

내
마
음
의
찻
자
리

딱 39년 전이다. 늦은 봄날 어느 절간 큰 스님 방이었다. 앉은 자리 앞으로 조촐한 찻상이 놓였다. 어릴 적 할머니 댁에서 본 듯한 소반에 간장 종지 같은 찻잔, 부잣집 제사상이나 잔칫상에서 볼 수 있었던 오색찬란한 다식 그릇, 그리고 젓가락이 올라 있었다. 그런데 선뜻 손이 가지 않았다. 작은 찻잔을 두 손으로 잡아야 할지 한 손으로 가져와 그대로 단번에 마셔야 할지 마음에 살짝 갈등이 일어 주위 사람들의 눈치를 살폈다.

손잡이가 달린 찻잔에 커피를 그득 담아 간편한 포크로 달콤한 빵을 곁들이는 편한 자리도 얼마든지 있는데, 왜 서너 모금도 안 되는 차 한 잔을 앞에 두고 손놀림과 행동거지를 삼가야 하는지, 왜 눈치를 봐야 하는 것인지, 긴장으로 심호흡을 해야 하는 것인지…….

알 수 없는 그 차 한 잔의 마법에서 나는 깨어나지 못하고 있다. 그리하여 돋보기 끼고 허어연 머리칼 쓸어올리며 컴퓨터 앞에서 자판을 열심히 두드리고 있다. 내 삶의 영원한 화두인 차에 대한 탐구가 아직 끝나지 않았기 때문이다.

차
한
잔
하
실
까
요
?

'차를 마시는 민족은 흥하고, 술을 마시는 민족은 망한다'는 말이 있다. 출처를 알 수 없는 이 음다흥국飮茶興國론이 한때 다산 정약용 선생의 말이라고 유행한 적이 있었다. 누구의 생각인지 모르겠지만 이 말을 곰곰 새겨 보면 참으로 명언이다. 술과 비교하자면 차는 수만 배 더 유익한 마실 거리이기 때문이다.

차는 정신을 맑게 하고, 마음을 가라앉혀 준다. 술처럼 정신이 풀어지게 하지도 않고 커피처럼 자극을 주지도 않는다. 배 아플 때, 감기몸살이 났을 때, 입맛 없을 때에 만병통치 약이다. 먹을거리 귀하던 시절엔 구황 식품이 되기도 했고 지위 고하를 막론해 누구든 서로 어울릴 수 있도록 맺어주는 사교의 수단이기도 했다. 인생의 소중한 마디마다 의례 물로 쓰였던 고귀한 음료이기도 하다. 수천 년 역사의 수면 위에서 면면히 이어져 왔던 차는 철학, 윤리, 의학, 식품, 사회, 경제, 예술 어디 닿지 않는 곳이 없었던 고마운 마실 거리였다.

조선이 쇠퇴하고 민주공화국이 탄생한 지 100여 년, 과학과 문명의 이기로 자판에 손가락 하나 올리면 세계의 문화와 살림을 꿰찰수 있는 편리한 세상, 우리는 차의 가치를 잊어가고 있다. 차 향기를 가슴에 품을 정서적 여유를 잃어가고 있는 것이다.

　이제 조급한 마음 잠시 내려놓고, 또다시 차 한 잔과 마주하자. 떠들썩한 술자리 대신 조용하고 품격 있는 찻자리를 꾸며 "차 한 잔 하실까요?"라는 정겨운 말로 그를 만나자. 차에는 감정을 조율하는 신통력이 숨어 있어 두런두런 이야기 속에 실타래처럼 맺힌 마음도 스르르 풀리고 쌓인 오해도 말끔히 가신다. 미운 마음도 훌훌 털어내 주는 차를 그와 함께 마시는 거다.

　가벼운 종이컵에 봉지차를 덤벙 담아 마시는 걸 두고 차가 아니라고 말하지는 않는다. 그러나 특별한 날엔 어린잎 차를 구하고 조촐한 다구도 한 벌 장만하고 또 맑은 찻물도 길어 와 아름다운 찻상을 꾸며 보자.

　정겨운 가족과 소원했던 이웃과 함께하는, 21세기 말로 바꾸면 티 파티가 되겠다. 차가 있는 파티는 어린아이뿐 아니라 노인도 함께 즐길 수 있다. 김이 모락모락 피어오르는 군고구마 한 바구니를 다식으로 놓아도 좋고, 우려 마신 찻잎을 모아 멥쌀가루에 섞어 차 버무리떡을 찌고 노을빛 황차 한 잔을 함께 준비해도 정성스럽다.

차 한 잔을 위해 향을 피우고, 꽃으로 화사함을 더하고 잔잔한 음악을 띄워 마련하는 찻자리 꾸미기야말로 흥하는 나라로 가는 지름길이 아닐까? 차는 희노애락이 담긴 문화 음료로, 과거와 현재 그리고 미래를 이어 주는 징검다리 역할을 하기 때문이다.

참고로, 이 책에 나오는 차 달이는 법에 관해서는, 차맛의 기본을 재기 위해 전자저울로 차의 양을 확인했고, 시계를 놓고 시간을 쟀으며 계량컵으로 찻물의 양을 가늠했다. 그리고 녹차 제다법은 우리나라 차 산지의 자료를 참조했고, 백차·청차·황차·홍차·흑차와 기타 화향차는 『중국다경中國茶經』(천종마오 해설, 상하이문화출판사 92년 刊) 「다업편茶業篇」을 참고했다.

고구려 무용총

## ❖ 가장 오래된 찻자리

김명배의 『다도학』을 보면, 일본인 故아우키(靑木正兒)가 중국 오대 시절에 모문석이 지은 『다보(茶譜)』의 역주에서 "나는 고구려의 옛 무덤에서 출토된 작고 얇은 조각의 떡차를 표본으로 간직하고 있다. 지름 4cm 남짓한 엽전 모양으로 무게는 닷 푼가량이다"라고 전했다는 기록이 있다.

고구려 무용총과 각저총 벽에 남아 있는 입식의 상차림은 딱히 찻상이라 말하긴 조심스럽지만 차인들은 이 그림을 두고 고구려시대의 찻자리라고 말한다. 손님이 스님이고 마주 앉은 주인은 여자로 짐작돼 술자리가 아니라 찻자리가 틀림없다는 것이다. 일상의 예법대로라면 친숙한 사이가 아니면 술상보다 다담상을 먼저 내는 게 우리의 정서이기 때문이다.

## ❖ 우리 조상들의 찻자리

옛글에서 찻자리란 차를 달여 마시는 곳, 차를 마시는 모임을 뜻했다. 그 자리를 명석(茗席) 혹은 다연(茶筵)이라 했으며 차 마시는 공간은 다헌(茶軒), 다당(茶堂), 다옥(茶屋) 등으로 불렀다. 우리의 찻자리는 극도의 격식을 차리는 일본과는 달랐다. 술을 마시거나 그림을 그리거나 시를 짓거나 했던 문화공간이었다. 때로는 대자연을 품을 수 있는 공간이기도 했고, 휘영청 밝은 달밤의 정원이기도 했다. 눈 내리는 들판이나 너럭바위에서도 차를 달여 마시면서 마음을 다스렸고 손님을 접대했으며 가족간의 화합을 이끌었다. 차문화사는 생활문화사의 극치라 할 수 있다.

## 차 례

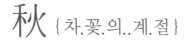

秋 { 차.꽃.의..계.절 }

冬 { 겨.울, 차.를..디.자.인.하.다 }

## 알고 마시면 더 맛있는 차

{ 햇 . 차 . 의 . . 시 . 간 }

春

3月

봄의 왈츠

꽃보다 사람이다.
내 마음의 이야기를 들어 줄 향기 있는 사람을 초대해 함께 차를 마시면,
마음은 곧 새로운 희망의 날개를 단다.

조선시대 여류시인 허난설헌[1563~1589]의 차시 「춘경春景」을 봄의 왈츠로 읊조리며 시 속에 갇혀 있는 앳되고 싱그러운 봄 풍경을 햇살 바른 창가로 초대한다.

정자는 산 이름이라 내 마음에 새겨져 있고

내 마음 어데 있느냐 하면 숲속에 있네

차 연기는 기나긴 봄날에 피어오르고

꽃 그림자 군데군데 그늘 지어 놓누나

가득 부어 놓은 잔에 개미가 들었다고 청탁을 논하랴

발 밖에 제비는 장단 맞춰 지저귀누나

봄 맞이 걸음마다 구름은 디딜 자리 만들고

시냇물 따라 길은 꺾어져서 깊이 온 줄 몰랐네

테이블에는 연두색의 성근 보자기를 깔고 샛노란 후리지아 한 다발을 놓으니 수줍은 듯 머뭇거리던 봄빛도 어느새 화사하게 다가온다.

옹기 워머에 키 작은 초 하나를 놓는다. 불을 밝힌 뒤 옹기 쪽박을 올려 차 한 줌을 덖는다. 해 넘긴 찻잎은 몸속에 품었던 습기를 날린다. 찻상 위에 찻그릇을 벌여 놓고 찻잎을 다관에 넣어 뜨거운 물을 가만히 붓는다. 차가 우러나는 동안 예열된 찻잔의 물을 버리고 한 호흡 숨 고르기를 한 뒤 마침내 차를 따른다. 또르르 찻물 떨어지는 소리 정겨운 다갈색 차는 농익은 향기를 풍긴다. 한 모금 목으로 넘어가는 순간 미감을 조율하는 혀에서 느껴지는 화한 맛, 씁쓰레한 맛, 달큰한 맛이 온몸을 전율케 한다. 노년의 입맛에는 풋내 나는 햇차보다 해를 넘겨 숙성된 차가 더욱 친근한 것도 바로 이런 맛 때문이리라.

차를 마실 때는 꼭 도자기 잔이 아니어도 된다. 유리잔을 사용하면 오묘한 다갈색 차 빛을 감상할 수 있어 눈이 즐겁다. 순수 덖음 차는 해를 넘기면서 저 혼자 숙성돼 우려진 색이 녹색이 아니라 다갈색에 가깝다.

요즘은 대규모 행사에도 술 대신 찻자리가 종종 펼쳐진다. 고려시대 다시 청茶時廳이 되살아난 듯하여 나로서는 무척 뿌듯할 따름이다. 많은 사람들이 즐길 수 있는 입석의 찻자리에는 와인잔 같은 키 높은 찻잔이 더 잘 어울려서 목이 긴 도자기 찻잔이 인사동에서 벌써 선을 보이고 있다.

좋은 시와 좋은 차는

사람의 생각을 바꿔 놓는 마력이 있다.

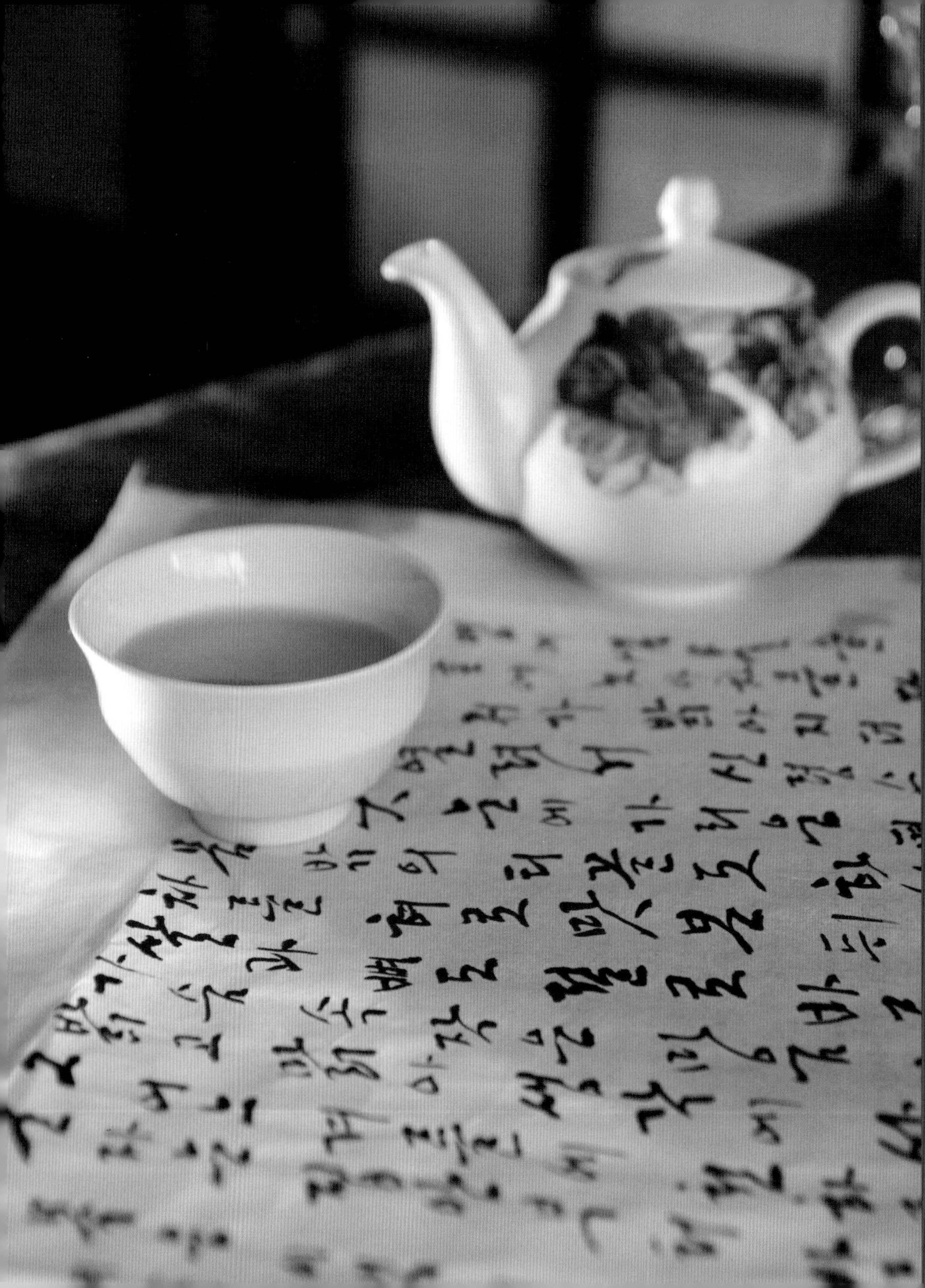

# 따뜻한 위로가 되는 차

설렌 가슴으로 다짐했던 새해의 계획도 두어 달이 지나면 시들해지고 이내 나른한 봄날이 이어진다. 화사한 꽃들에 눈은 즐겁지만 모든 것이 생각대로 돌아갈 때 꽃도 꽃으로 보이는 법. 그렇지 않을 때는 꽃보다 사람이다. 내 마음의 이야기를 들어 줄 향기 있는 사람을 초대해 함께 차를 마시면, 차의 카페인이 잠자던 뇌세포를 깨우고, 주고받는 말 덕분에 마음은 곧 새로운 희망의 날개를 단다. 그래서 마음이 가난한 사람에게 차를 마셔 보기를 권하고 싶은 것이다. 외롭고 쓸쓸할 때도 차는 따뜻한 위로가 된다.

지난해 어느 봄날 구입한 귀하디귀한 우전차를 단단히 밀봉해 뒀다. 그 차는 냉장고 귀퉁이에서 얌전히 제 맛을 지키며 1년을 기다렸다. 일정한 온도에서 차색은 변하지 않았지만 습기 있는 곳에 오래 두었던 터여서 불에 살짝 쬐었다가 달여 습한 맛을 없애야 했다.

꽃 그림이 그려진 백자 다기를 준비하고 물 온도를 조금 낮춰 차를 달인다. 차의 양도 평소보다 조금 많아야 간이 맞다. 백자 잔에 차를 따르면 어느새 나비 한 마리가 친구 하자며 찻잔에 앉는다.

찻잔을 입으로 가져간다. 코로 향기를 맡는다. 목으로 한 모금 넘겨 보았지만 풋풋한 햇차 맛은 느낄 수가 없다. 보관이 아무리 잘 된 차라 할지라도 해 지난 녹차가 싱그러운 햇차 맛을 낼 수 없음은 주름진 얼굴을 인위적으로 감춘다 해도 절대 청춘이 될 수 없는 것과 같다.


　　　작은 병에 샘물을 길어다가

　　　깨진 솥에 노아차를 달이는데

　　　문득 귀가 밝아지더니

　　　코가 열려서 신령스러운 향기를 맡네

　　　어느덧 눈을 가린 편견도 사라지고

　　　몸 밖의 티끌도 하나 보이지 않네

　　　차를 혀로 맛본 뒤 목으로 내리니

　　　살과 뼈도 절로 바로 된다네

　　　가슴속 작은 마음자리는,

　　　밝고 맑아 생각에 사특함이 없어라

　　　그 어느 겨를에 천하를 다스리리

　　　군자는 집안부터 바르게 하는 법 아니던가


　고려말 삼은三隱 중 한 분인 목은 이색의 「차 마신 뒤 작은 읊조림」이란 시
다. 목은이 남긴 차시에는 교훈적인 구절이 많다. 그는 차를 마시고 오만과
편견을 버리면 뼛속까지 스민 사악한 생각이 지워진다고 노래했다. 시 마지
막에 군자라면 모름지기 천하를 다스릴 생각을 하기보다 집안을 바르게 하
는 게 옳다는 소신을 밝힌 그는 차를 통해 삶과 경세의 이치를 배우고 실천

시냇가 돌을 모아 솥뚜껑 걸고
흰 가루 참기름에 진달래 꽃전 부쳐
젓가락 집어드니
가득한 한 해의 봄빛 향기 뱃속에 스며든다

한 다인이었다.

좋은 시와 좋은 차는 사람의 생각을 바꿔 놓는 마력이 있다. 예술은 시로
부터 시작하고 예술의 정신은 곧 시의 정신이라고 한다. 찻자리 예술에 차시
가 빠져서는 안 되는 이유다.


## 꽃떡, 그 봄날의 축제

시냇가 돌을 모아 솥뚜껑 걸고
흰 가루 참기름에 진달래 꽃전 부쳐
젓가락 집어드니
가득한 한 해의 봄빛 향기 뱃속에 스며든다


삼월 삼짇날 황진이 묘를 찾아 제사를 지내 주었던 조선 중종 때 문인 백
호 임제의 진달래 꽃전花煎 시다.

풍류시인의 흉내를 내려면 진달래를 찾아 발품을 팔아야 하겠지만 화분에
서 키운 패랭이꽃, 제비꽃, 하련화 등의 야생화가 있으니 그 꽃으로 화전을
지져도 봄맞이 축제는 절정에 달한다. 화전은 음식이 아니라 시요, 음악이
요, 그 자체가 하나의 풍경이라서 조선왕실에서도 삼월 삼짇날 봄을 상징하
는 놀이문화로 화전놀이를 즐겼던 것이다.

## 개나리 가래떡

    떡집에서 얼마든지 손쉽게 구할 수 있는 하얀 가래떡을 한입 크기로 썰어 그 위에 예쁜 꽃을 올려두어도 낭만적인 꽃떡이 된다. 이 얼마나 간단하면서 화려한 변신인가. 개나리, 패랭이꽃, 진달래, 모과꽃, 살구꽃, 복사꽃, 앵두꽃, 목련…… 어여쁜 봄꽃은 농약도 없고 꽃에 독성도 없어 음식에 활용하면 더욱 향기로운 찻자리가 된다.

## 가루차 잣죽

여기다 정담이 이어지면 잣 한줌과 찬밥 반 공기에 물 두 컵을 붓고 믹서
에 간 다음 불에 올려 살짝 끓이고 티스푼 한 개의 가루차를 섞어 소금으로
간하면 뜻밖의 별식이 된다. 단 음식을 좋아하면 꿀을 타도 괜찮다. 기름진
잣죽에 가루차를 넣으니 색도 곱고 쌉싸래한 맛이 더해져 깔끔하다. 찻자리
의 감동은 작은 정성에서 비롯된다.

◆ 화전 ◆

**재료** 찹쌀가루 3컵, 소금 1/2티스푼, 가루차 1티스푼, 오미자 우린 물 1/4컵, 진달래·패랭이 등 먹는 꽃 약간

**조리법** 01 꽃은 흐르는 물에 헹군 뒤 물기를 걷어 낸다. 02 찹쌀가루에 소금을 넣어 3등분해 하나는 가루차를 섞어 푸른색을 만들고 또 하나는 오미자를 넣어 붉은색을 내고 나머지는 하얀색 그대로 놔둔다. 03 각각의 가루를 뜨거운 물로 익반죽한 다음 지름 4cm 두께 0.3cm로 둥글게 빚는다. 04 팬이 달구어지면 불을 낮추고 기름을 두른 뒤 빚어 둔 반죽을 올려 숟가락으로 살짝 눌러 주면서 앞뒤로 지진다. 05 충분히 익었다 싶으면 뒤집어 한 번 더 익힌 뒤 꽃을 올린다. 꽃을 미리 올리면 불 기운에 꽃잎이 탈색돼 예쁘지 않다.

# 차나무 족보

차나무는 동백나무과에 속한다. 중국종은 키가 3m 정도이나 10m 이상 자라는 나무도 있다.

중국이나 일본, 우리나라의 차나무는 잎이 작은 소엽종으로 가을에 자가수정으로 꽃이 피고, 꽃이 진 자리에 작고 파란 열매가 맺힌다. 열매는 이듬해 10월까지 자라 짙은 밤색으로 여물며 꽃이 피는 시기도 이때이다. 차나무는 열매와 꽃이 마주볼 수 있는 실화상봉수實花相奉樹로 나이테가 없는 것이 특징이다.

우리나라에서는 경상남도, 전라남도, 전라북도, 제주도 등지에 분포하며 골 깊은 산자락이나 해풍으로 습도가 높은 지역에서 잘 자란다.

『삼국사기』는 신라 흥덕왕 3년[828] 대렴공이 중국에서 차씨를 가져와 지리산에 심었다고 적고 있지만 그보다 앞선 선덕여왕[재위 632~647] 때 이미 차가 있었다는 기록도 있어 차나무 자생설이 설득력을 얻고 있다.

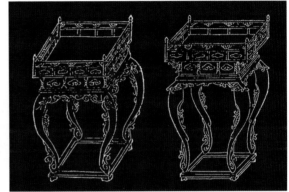

조선시대 진찬의궤에 그려진 다정

### ❖ 우리나라 차의 기원

『삼국사기』에는 "828년에 중국 당나라에서 대
렴공이 차씨를 가져와 지리산에 심었다"라는
기록이 있다. 한편, 『구화산지(九華山志)』에는
대렴공이 당나라에서 차씨를 가져오기 100여
년 전 신라 왕자 김교각(697~794)이 차씨와 볍
씨를 들고 중국 안휘성 구화산에 들어가 차를
널리 알렸다는 기록이 있다.

### ❖ 다시청과 이동식 차정

차 역사상 가장 화려했던 시대, 고려 태조 왕건은 신라의 군민과 승
려들에게 차를 하사해 나라 잃은 설움을 달래줬다. 80세 이상의 민
간인들에게 차를 내려 약이 되도록 했고, 아끼는 신하가 세상을 떠
나면 부의품으로 보내 애석함을 전했다. 국가 소속으로 '다시청'이
란 차실을 만들어 관리들이 차 한 잔을 마시면서 어려운 정사를 돌
보도록 했다. 국내외 귀빈 환영식, 태후 책봉식, 원자 탄생을 축하하
는 연회, 공주의 결혼 등에서 차는 행사의 가치를 높여 주는 공식 음
료였다. 뿐만 아니라 외국 사신이 돌아갈 때 선물로 들려 보냈다. 궁
중 밖에서 왕이 차를 마시고 싶을 때 또 왕이 부처께 헌다를 할 때
쓰이는 이동식 다정(茶亭)과 다군사(茶軍士)도 있었다. 차의 소비를
충당하기 위해 사찰 주변에는 차를 만드는 다촌(茶村)이 있었다.

# 4月

자연에서 즐기는 차 한 잔

햇차 한 통 구해 꽃비 내리는 야외에서

가족들과 함께 옛 선비들이 누렸던 풍류를 즐겨보는 것.

이 때문에 도시의 차인들은 봄을 그냥 지나칠 수 없을 것이다.

여러 해 동안 은근한 불로 작은 화로에 차를 끓이니

신기하고 영묘한 공덕이 틀림없이 조금은 있을 테요

차 한 잔을 마신 뒤 거문고를 어루만지니

밝은 달님이 나와서 누군가를 부른다네

봄날 차반의 푸른 잔에 옥로차를 올리노라니

오래된 벽에 그을음이 앉아 얼룩진 그림이 되었네

잔에 가득 찬 것이 어찌 술이어야만 하리

답천 가는 내일은 차호를 가져가리


　　조선시대 여성 차인으로 추앙받았던 영수합 서씨<sup>令壽閤 徐氏(1753~1823)</sup>는 삼월
삼짇날 답청<sup>踏靑</sup>(삼월 삼짇날을 멋스럽게 부르는 말)을 준비하면서 앞의 시를 남
겼다. 영수합 서씨는 『동다송<sup>東茶頌</sup>』을 오늘에 있게 한 해거도인 홍현주의 모

친이다. 홍현주는 초의선사에게 차 이야기를 부탁했고 이에 초의선사는 『동다송』을 지었다. 영수합 서씨 일가는 보기 드문 가족 차인이자 시인들이었다.

…… 차는 익어 시정에 젖어드니 / 거문고 맑은 소리 고운 손에 올린다 / 참으로 다정하고 즐거운 마음을 / 가도 가도 버릴 수 없네 / 머리 들어 보니 은하수는 기우는데 / 이 기쁨 달님에게 물어본다

남편 홍인모와 아들딸이 함께 누각에 둘러앉아 거문고 소리 들으며 차를 마시고 한 편의 시를 완성시키는 풍경만으로 봄날의 찻자리는 아름답다. 그야말로 가족 차인의 전형이다.

우리의 세시풍습에서 가장 화사하게 떠오르는 삼월 삼짇날은 음력으로 햇차가 움트는 4월이다. 이때쯤에는 벚꽃 길로 유명한 섬진강은 물론 전국의 차 마을엔 차향이 떠다닌다. 차 마니아들은 이때를 놓칠세라 차밭으로 모여든다. 서툰 솜씨일지라도 스스로 만들어 보겠다는 야무진 생각으로 나서지만 경험한 분들은 이미 알고 있듯 차 만들기란 그리 녹록지 않다. 차밭에서 찻잎 따기부터 350도가 넘는 뜨거운 무쇠 솥에서 손목에 화상을 입어 가며 찻잎을 덖는 일까지…… 여간 고된 게 아니다. 덖어진 차를 멍석에 비빌 때에는

손목 인대가 부어오르기 십상이다. 숙련된 솜씨가 아니면 이틀을 못 가 몸져 눕게 되는 중노동이 바로 차 만들기다. 직접 해 보면 수제차 값이 왜 비싼지 알게 된다. 이뿐인가. 촌각을 다투어 차를 만들어야 하는 차농들에게 방해꾼이 될 수도 있다.

햇차 한 통 구해 꽃비 내리는 야외에서 가족들과 함께 옛 선비들이 누렸던 풍류를 즐겨보는 것, 이 때문에 도시의 차인들은 봄을 그냥 지나칠 수 없을 것이다.

혹시 시간 내기가 어렵다면 굳이 야외를 찾을 것도 없이 실내에서도 봄 분위기를 만끽할 수 있다. 양반댁 낡은 대문짝을 찻상으로 쓰면 문밖이 야외다. 여린 야생화를 기와분에 담고, 초록빛 야산이 그려진 접시를 매트 삼으면 어느새 자연이 실내에 와 있다. 햇차에는 입이 너른 찻잔이 좋다. 신선한 연둣빛 차색과 청량한 향기 그리고 달콤한 맛까지 모두 즐길 수 있기 때문이다. 거기다 매화 한 송이 띄워 보는 멋도 입 너른 찻잔에서만 즐길 수 있는 풍경이다.

경주 양동마을 월성손씨 대종가 서백당 누마루에서 즐기는 가족 찻자리

### ❖야외에서 차를 마시다

주옥같은 차시 40수를 남긴 고려시대 문인 이규보는
그의 책 『동국이상국집』에서 다음과 같이 정자에서
차를 마셨던 풍경을 보여 준다.

푸른 시냇물 얼음처럼 맑고
복사꽃 살구꽃은 붉은 빛으로 흠뻑 물들었네
발은 미풍에 나부끼고 서늘한 정자 고요한데
짹짹거리는 새 소리 졸음을 깨우도다
쟁반에 쌓은 맛 좋은 안주에 술병 더해 가며 자꾸만 권하누나
주인과 두 손님은 차만 마시는데
부끄럽다 나만 술을 마시니
비뚤어진 의관 다시 바로잡고
담소 끝나 돌아오니 석양이로세.

## 카스테라 다식

차와 다식은 불가분의 관계다. 갑자기 찾아든 손님 대접에 고민이 되거든 카스테라 다식을 만들어 보라. 빵집에서 손쉽게 구할 수 있는 노란 카스테라와 녹차 카스테라를 자잘하게 뜯은 다음 랩에 뭉쳐서 예쁜 꽃잎 다식판에 찍는다. 아무 첨가물 없이 카스테라만 있으면 간단하게 만들 수 있다. 송화, 깨, 콩 같은 전통의 재료들로 만들어진 다식만 먹어 왔던 사람들은 신선한 퓨전 다식을 새롭게 기억할 것이다.

## 야채보쌈

해묵은 다갈색 차를 마실 땐 봄 향기 물씬한 야채보쌈이 좋다. 투명하도록 얇게 지진 가루차 밀전병에 오방색 야채를 싸서 겨자소스에 찍어 먹는 야채보쌈 다식은 손품이 많이 드는 만큼 몸에도 이롭고 입맛까지 살려 준다. 궁중에서는 고명으로 붉은 실백, 푸른 미나리, 검정 석이버섯, 황백의 달걀 지단을 사용했다. 오방색은 우리 민족의 고유한 색이다.

# 야채보쌈

**재료**  밀가루 1컵, 가루차 1작은술, 물 1컵, 소금 1/2작은술, 무순·석이버섯·붉은 피망·달걀 황백지단

**조리법**  01 가루차와 소금을 넣은 밀가루를 체에 내린 뒤 물을 붓고 반죽해 둔다. 02 무순은 씻어 물기를 거두고 붉은 피망은 씻은 뒤 채 썬다. 03 당근은 4cm 길이로 가늘게 채 썰고 석이버섯은 물에 불린 뒤 채 썰어 각각 팬에 기름을 두르고 소금 간으로 살짝 볶는다. 04 프라이팬에 기름을 두르고 반죽한 밀가루를 한 국자씩 떠서 직경 7cm 정도로 지진다. 05 노릇하게 지져 소쿠리에 담아 뜨거운 김을 뺀 다음 준비해 둔 야채를 차례로 놓고 둥글게 만다. 이때 양끝을 눌러 속이 빠지지 않도록 한다. 겨자소스에 찍어 먹는다.

# 차의 종류

    차나무의 싹이나 잎을 따 가공하는 차는 세계적으로 수백 종을 이룰 것으로 추측된다. 중국에서는 제다 기술과 품질의 특성에 따라 녹차, 백차, 황차, 청차, 홍차, 흑차 6대 다류로 차를 분류하고 있다. 이 분류법에 대해 중국의 안후이성 농학원의 천위엔陳椽 교수는 다음과 같은 설명을 하고 있다.

    각종 차는 품질이 달라서 제법도 다르다. 홍차와 녹차의 품질은 뚜렷한 구별이 있고 그 제법도 전혀 다르다. 홍차는 화학작용이 크고 내부의 품질 변화도 다양하다. 녹차는 화학작용이 적고 내부의 품질 변화도 적으며 그 밖의 차는 그 중간에 놓여 있다. 차 내부의 품질 변화는 녹색 색소와 폴리페놀 비율에서 뚜렷이 나타나는데 이는 다시 산화도의 속도, 산화순치 등에 따라 세분할 수 있다. 제법이 유사하다면 산화도와 품질에 따른 변화는 크지 않을 것으로 예상된다.

    이 분류법은 1980년대부터 중국 각 대학의 차업학과 교과과정에 수록되기도 했다.

# 5月

감사의 마음, 감사의 인사

분주한 손길로 수확한 햇차가

날쌘 걸음으로 우리 집 차실 문수원에 도착하면 곧바로 차의 신,

즉 신농 할아버지께 바친다!

　차를 수확하는 계절은 가을이 아니라 4월과 5월이다. 5월 25일이 바로 물 오른 차나무 가지에서 꽃처럼 피어오르는 튼실한 찻잎을 거두어 정을 나누기로 한 축제의 날이다. 벌써 올해로 30년째다. 해마다 열리는 잔치지만 갈수록 더 기다려지고 반갑다.

　정성껏 만든 햇차 한 잔으로 선현들을 기리는 한편, 차농들의 손맛을 가려 올해의 명차를 선정한다. 차를 알리는 일에 공이 큰 차인에겐 상이 내려지고, 초록빛 차 요리 솜씨도 펼쳐진다. 동방예의 국가답게 예를 다해 행다법을 따르고 단체마다 다양한 모습의 들차회를 열어 정을 돈독히 한다. 얼마나 순수하고 아름다운 풍경인지!

　과문한 탓인지 모르겠지만 세계 어느 나라에서도 우리처럼 '차의 날'을 정해 다양한 프로그램으로 차 축제를 벌인다는 자료를 보지 못했다. 차의 종주국이라 일컬어지는 중국도, 다도의 나라임을 내세우는 일본도 '녹차의 날'

삼화령

개암사 원효방

## ❖ 신라시대의 찻자리

차인들이 자주 찾는 들차회 장소 중 강원도 강릉시 경포대와 한송정에는 신라 화랑들이 수련 와중에 차를 마셨던 우물(茶井)과 차를 달였던 돌 부뚜막(石池竈) 등의 찻자리 흔적이 남아 있다. 전남 부안에 있는 원효방은 사포가 스승 원효에게 차를 달여 올렸다는 자연의 찻자리가 천년의 세월에도 그대로 남아 우리 차의 자존심을 굳건히 지키고 있다. 신라의 찻자리는 조상을 섬기는 사당에서 부처님께 헌다를 했던 왕실부터 풍광 좋은 야외까지 무척 다양했음을 알 수 있다.

신라시대에는 찻잔은 구(甌)라 했고 차 달이는 모습은 팽다(烹茶, 차를 삶다), 전다(煎茶, 차를 달이다)라고 했다.

'홍차의 날' 등이 인터넷으로 검색되긴 하지만 제정된 년도가 그리 오래되지 않았다. 1년에 한 번 전국의 차인들이 화합된 마음으로 차 잔치를 즐긴다는 내용은 볼 수가 없다.

차의 날 말고도 5월에는 차가 쓰이는 날이 많다. 어린이날, 어버이날, 성년의 날 등 특별한 날에 어울리는 의미 있는 찻자리를 마련해 보면 어떨까. 가족들을 건강한 차의 맛에 길들이는 것이야말로 그 자체로 아름답다. 기억은 잊혀지더라도 맛은 쉽게 잊혀지지 않는다. 가슴으로 느끼기 때문이라고 한다.

## 햇차를 하늘에 바치다

분주한 손길로 수확한 햇차가 날쌘 걸음으로 우리 집 차실 문수원에 도착하면 곧바로 차의 신, 즉 신농 할아버지께 바친다. 달랑 차 한 잔으로는 죄송해서 화전을 굽고, 다식을 찍고 오곡과 햇과일을 준비한다. '신농 할아버지, 올해도 햇차가 나왔습니다. 흠향하시옵소서'라는 제문도 읽는다.

30년도 더 된 일이다. 하동에서 햇차 한 봉을 보내 줬는데 차를 우려 마시려는 순간 왠지 죄송하고 염치없다는 생각이 문득 들었다. 『동다송』의 한 구절도 떠올랐다. "자순차는 청명 날에 맞추어 종묘에 천신하고 군신들에게 나누어 내렸다"는 기록이다. 조선 왕가에서도 햇차가 당도하면 역대 임금을 모신 사당에 먼저 천신薦新(햇것을 신위에 올리는 일)하고 기로소耆老所(60세 이상 국노들이 모이는 곳)에 보낸다고 했다.

여기에 유년시절 이웃에서 맛있는 음식이 들어오면 조금 떼어 동서남북으로 던지면서 할머니께서 '고수레, 고수레' 하던 장면도 머리에 남아 있었다. 이는 천지신명에게 감사함을 전하는 겸손한 마음가짐이며 작은 벌레들에게 먹이를 주는 나눔의 미학이기도 했다.

우리만의 아름다운 풍속이 있었는데도 미련하게 그동안 햇차를 먼저 넙죽 마셨던 일이 부끄럽기까지 했다. 이후 다신제는 우리 집에서 가장 큰 연중행사가 됐다. 또한 전국에 다신제 바이러스가 퍼져 4월 20일 곡우절에 지내는 '신농차례'의 유행으로 이어졌다.

지난 2009년도엔 특별히 4월 6일 '다신제'를 모셨다. 4월 7일 개최한 「한식 세계화 2009」 국제 심포지엄에서 영부인 김윤옥 여사와 내외 귀빈에게 화개신차를 올려야 한다면서 햇차를 부탁해 왔다. 그때 하동 삼태다원에서 4월 5일 뾰족이 올라오는 털북숭이 초차를 덖어 보냈다. 귀빈들에게 차를 내기 전 기미상궁처럼 맛을 먼저 봐야 했고, 그러자니 조촐한 상차림으로 차신에게 천신할 수밖에 없었지만 귀하디귀한 청명차로 다신제를 모시기는 처음이었다.

4월 20일 곡우절에 지내는 다신 위패에 헌다하는 신농차례 모습

# 천신 차례상

먼저 백지 병풍을 친다. 전국의 100여 종가를 취재하며 제례 병풍으로 백지 병풍을 쓰는 것을 확인했다. 명문 종가에서는 조상이 남긴 글 외의 글자나 그림을 함부로 쓰지 않고 대부분 백지 병풍을 사용하고 있었다.

그 앞으로 신위를 올릴 교의交椅를 놓는다. 교의가 없다면 상 높이보다 조금 높게 책을 괴이고 깨끗한 보를 깐 뒤 그 위에 신위를 올리면 된다. 제상 위에 신위를 올려놓는 건 신에게 상 위에 올라 앉아 식사를 하시라는 뜻으로, 불경죄에 해당된다는 것도 종가에서 배운 예법이다.

교의 앞으로 제상을 놓고 그 앞으로 향상香床을 놓는다. 그런 후 남자는 제상을 보고 동쪽에, 여자는 서쪽에 선다. 남동여서男東女西 예절이다.

참여한 사람 중 연장자가 제주가 돼서 향을 피운 다음 두 번 절한다. 강신례降神禮는 행하지 않는다. 성인聖人에게 제를 올릴 때는 강신례를 하지 않는다. 참석자 모두 두 번 절한다. 제상이 마주 보이지 않는 자리에서 차를 우려 제주에게 찻잔을 주면 제주는 찻잔을 향 위에 살짝 올렸다 내린 뒤 두 번 절한다. 흔히 찻잔을 향 위에 빙빙 세 번 돌리는데 이건 잘못된 상식이다. 다음은 참석자 중 한 명이 제주를 대신해 축문을 읽는다. 모두 고개를 숙이고 조용히 묵념을 한 다음 제주 이하 참석자 모두 두 번 절하여 신을 배웅한다. 지방과 축문을 태운다. 제상 위에 차를 내려 음복을 하는 것으로 다신제를 끝낸다.

## 정겨운 두레상

다신제를 지낸 다음 하는 음복 자리가 바로 가족 찻자리다. 제주에게는 독상을, 제관들에게는 두레상을 차린다. 장유유서長幼有序 문화를 소중하게 여겼던 우리 선조들의 정신을 따르기 위해서다.

전통 다담상의 전범이 될 수 있는 독상은 저분과 찻잔과 다식그릇으로 특별한 장식 없이 조촐하게 차린다. 하지만 두레상에는 현대미를 가미해 녹색 테이블보를 깔고 다갈색 망사 보를 겹쳤다. 녹색은 햇차를, 다갈색은 묵은 차를 상징해서다.

조선 후기 100여 수의 차시를 남긴 자하 신위는 "묵은 차와 햇차를 섞어 마시니 차맛이 더 깊더라"고 했다. 『동다송』 18절 주에도 "차에는 새것과 묵은 것을 섞으면 향기와 맛이 되살아나는 성질이 있다"고 했다. 선현들의 경험담은 차 생활에 소중한 지침이 된다.

편틀 위엔 삼색 떡 케이크를 올려 다신제를 축하했다. 음복은 작은 유리잔으로 한다. 다식도 편틀과 같은 재질의 목기 그릇에 담았고, 보릿고개를 상기시켜 어려운 시기를 잘 극복하자는 의미를 담아 보리를 병에 꽂아 공간연출에 사용했다. 삼베 바른 한옥 문살과 두레상은 둘레둘레 둘러앉아 이마 맞대며 차 한 잔을 즐기는 가족 사랑이 묻어난 찻자리를 표현하고 있다.

## 차 시루떡

　일생동안 세 번 떡 벌어진 큰상을 받는데, 돌상, 혼인해 시가나 처가에서 받는 큰상, 회갑 때 자식들이 차려 올리는 상이다. '떡 벌어진 상'이라 일컫는 것도 떡이 오르면 특별한 상차림이 되기 때문이다. 삼색 시루편은 집에서도 간단히 준비할 수 있다. 필요한 크기의 대나무 찜기가 있으면 된다.

## 차 매작과

　매화나무에 참새가 앉은 모습과 같다 해서 붙여진 매작과梅雀菓는 품격이 흐르는 전통 유밀과다. 또 실타래처럼 꼬아 만들었다고 하여 타래과라고 하고, 두 손이 깍지낀 모양이어서 차수과叉手菓라고도 한다. 1719년 조선 숙종 때부터 1902년 광무 6년까지 왕실의 경사가 있을 때마다 연회음식을 기록한 「찬품단자饌品單子」에는 작설차와 매작과가 빠지지 않았다. 고소하고 달콤한 매작과와 쌉싸래한 작설차는 궁합이 잘 맞기 때문일 것이다.

　1800년대 말 요리서 『시의전서是議全書』에는 매작과 만드는 방법이 기록돼 있다. "진말(밀가루)을 찬물에 반죽하여 얇게 밀고 너비 9푼, 길이 2치로 베어 가운데로 간격이 고르게 세로줄 세 개를 가르되 그중 가운데 줄을 길게 베어 한가운데 구멍으로 뒤집어 반듯하게 가다듬고 지져 내어 즙청(설탕시럽)과 계핏가루, 잣가루를 뿌린다"고 했다.

재 료 물 내린 멥쌀가루, 가루차 1.5티스푼, 백년초 가루 1티스푼, 카스테라·설탕·소금 약간

조리법 01 멥쌀가루를 3등분으로 나눈다. 02 쌀가루에 녹차 가루, 백년초 가루를 각각 섞어 체에 내린다. 03 찜기에 베 보자기를 깔고 쌀가루를 따로 담아 20분간 찐다. 04 노란 카스테라 를 뜯은 것과 가루차를 섞어 체에 내린다. 05 다 찐 떡을 삼단으로 올려 카스테라 고물을 뿌린다.

## 차매작과

**재료**  밀가루 2컵, 가루차 1티스푼, 생강 1개, 소금·물·즙청 약간

**조리법**  01 밀가루 1컵에 가루차를 섞어 체에 내린 다음 소금 간을 하고 칼국수 정도로 반죽한다. 02 생강을 강판에 갈아 물을 자작하게 부어 우린 다음 남은 밀가루에 부어 반죽한다. 03 1과 2를 밀대로 밀어 겹치고 이를 가늘게 썰어 리본 모양을 만든다. 04 기름 온도를 낮게 해 튀겨 낸 뒤 즙청을 끼얹고 잣가루를 뿌려 맛을 낸다. 기름 온도가 높으면 부풀어 올라 모양이 곱지 않은 점을 유의해야 한다.

# 화향차와 화차

알고 마시면
더 맛있는 차 3

### 화향차

화향차는 찻잎에 꽃향기를 흡착하여 만든 차다. 차에 꽃향기를 흡착하려면 먼저 찻잎을 충분히 말린 다음 차 한 층, 생꽃 한 층으로 겹겹이 쌓아서 일곱 시간 정도 두어야 한다. 수렴성이 강한 차에 꽃향기가 잘 스며드는데 여러 번 뒤집어 주면서 꽃향기를 충분히 흡착시킨 뒤 찻잎을 건조시키면 화향차가 된다. 녹차뿐만이 아니라 백차 · 청차 · 황차 · 홍차 · 흑차 등에도 차향을 돋우기 위해 꽃향기를 흡착시키기도 하는데 대표적인 향차로 말리화차를 들 수 있다.

이름난 화차는 대체로 중국에서 만들어진 차인데 말리화차茉莉花茶, 초청화차炒青花茶, 홍청화차烘青花茶, 홍차화차紅茶花茶, 오룡화차烏龍花茶, 백란화차白蘭花茶, 주란화차珠蘭花茶, 유자화차柚子花茶, 계화차桂花茶, 장미화차薔薇花茶 등이 있다.

말리화차는 중국 명나라 때인 1539년에 모문석이 지은 『다보』에도 소개돼 있다. 이 책에는 만리화뿐 아니라 장미꽃, 치자꽃, 매화꽃, 난꽃 향으로 차향을 돋워 준다는 기록이 있다.

### 화차

화향차가 차에 꽃향기를 흡착시킨 것이라면 화차는 꽃을 말리거나 생꽃을 뜨거운 물에 우려 마시는 걸 말한다. 꽃차의 역사를 살펴보면 조선시대 문신이었던

초간 권문해草澗 權文海(1534-1591)가 쓴 우리나라 최초의 백과사전『대동운부군옥』에는 단군 이래 불렀던 열세 가지 차 이름 중 산다화山茶花(동백꽃)가 첫머리에 올라 있다. 단순히 꽃으로 만든 차를 말하는 것이다. 이뿐 아니라『동의보감』「탕액편」에는 "무궁화를 차로 마시면 풍을 다스리고 꽃가루를 물에 타 마시면 설사를 멈춘다"는 기록이 있다. 이는 꽃차의 탁월한 약성을 비교적 이른 시기에 찾아낸 증거라 할 수 있다. 조선 순종 때 빙허각 이씨憑虛閣 李氏가 지은 여성 생활을 다룬 책『규합총서閨閤叢書』에는 매화차, 국화차 등을 소금에 말려 두었다가 꽃차로 마시면 그 향기가 그윽하다고 했다.

최근에는 우리나라 야생화를 말린 다양한 꽃차가 시중에 쏟아져 나오고 있다. 필자 역시 집에서 키우는 난꽃, 매화꽃, 제비꽃, 목련꽃, 복사꽃, 앵두꽃, 모과꽃, 찔레꽃, 감꽃, 치자꽃, 차꽃 등 50여 가지 꽃차를 만들어 계절의 향취를 즐기고 있다.

{찻.잔..속.에..담.긴..여.름}

# 6月

## 꽃보다 잎이 아름다운 계절

팍팍한 도시에서 한줄기 시원한 바람 같은
첫자리를 꿈꾼다!
산딸기 넝쿨로 꽃보다 잎이 아름다운 계절을 나타냈다!

유월이라 유둣날에

작설떡을 차리심더

화개장터 오신 장사

차약 먹는 유두 놀음

벌여 보세 에헤라

에헤라 상사디야

경남 진주에 있는 원로다인 김기원 교수가 지난 1957년 하동 탑리에서 채록했다는 차 농요이다. 햇차 거두기에 바빴던 일손을 잠시 놓고 늦차 잎으로 차떡을 만들어 사람 많은 장터에서 작설떡을 즐기는 차농들의 즐거운 모습이 그려진다.

『산림경제山林經濟』에는 구황 식품으로 차죽을 먹었다는 기록이 보이고 『규합총서』에도 차죽 파는 할머니 이야기가 있다. 배고픈 서민들은 6월에 웃자란 쑥 대신 취나물을 섞어 만든 수리취떡을 해먹었는데 이는 단오절의 세시음식으로 전한다. 취나물로 떡을 만들었으니 찻잎으로 차개떡을 만드는 것도 자연스러운 일이었을 것이다.

6월은 원래 차농들에게 농한기였지만 요즘은 그렇지 않다고 한다. 다양한 맛을 원하는 소비자들의 취향에 따라 늦차를 따서 발효차와 봉지차, 숭늉처럼 마시는 무거리 차를 만들어야 하고, 웃자란 차나무를 잘라 주어야 한다. 그러나 일손 쉬는 저녁에는 손수 만든 차 봉지를 들고 이웃을 만나 집집마다의 솜씨를 평가하는 차회의 즐거움도 나눈다.

퇴계 이황의 종가 고택 안채 대문

여름 더위가 시작되는 6월에는 또 우리의 4대 민속절인 5월 5일 단오절이 있다. 이때부터 사람을 다치게 하는 뱀과 지네 같은 독벌레들이 슬슬 나타나기 시작한다. 이들을 멀리하는 차 부적도 있다.

빙허각 이씨의 『규합총서』에는 "거꾸로 흐르는 물에 먹을 갈아 용龍 자를 써서 네 벽에 붙이고 단옷날 낮 12시에 차茶 자를 붉은색 주사朱砂로 써서 붙이면 뱀과 지네가 접근하지 못한다"고 했고 17세기 책 『산림경제』에도 "단옷

날 오시에 차 자를 써서 붙이면 사악한 기운이 범접하지 못한다"고 했다. 옛 풍습을 소중하게 지키고 있는 퇴계 이황의 종가는 고택 안채 대문에 붓글씨로 쓴 신다울루神茶鬱壘라는 차 부적을 붙여 놓았다. 또 민간인이 소장하고 있는 차 부적에는 남두육성南斗六星과 북두칠성北斗七星에게 차 석 잔과 술 석 잔으로 제사를 드려 여름 전염병을 퇴치한다는 내용도 보인다. 액운을 막고 복을 가져다 준다고 믿었던 만큼 그 옛날 우리 선조에게 차는 고마운 풀이었다.

신다울루 차 부적

## 한줄기 바람 그리고 차

6월의 찻자리는 시원한 느낌이 들도록 찻상에 삼베 보를 깔았다. 빳빳하게 풀 먹인 개인용 삼베 매트도 준비하고 소나무 상판을 올려 입체감을 줬다.

고려 장인들이 빚어 낸 세계적인 빛깔인 비색 청자 다관과 찻잔을 사용해 그 맑은 색만으로도 선선해지는 느낌이 든다. 차문화를 화려하게 꽃피웠던 고려시대를 되새기게 된다. 갯가에서 주워 온 돌을 저분 받침으로, 푸른 잎을 다식그릇으로 사용한 것은 팍팍한 도시에서 한줄기 시원한 바람 같은 찻자리

가 됐으면 하는 마음 때문이다. 산딸기 넝쿨로 꽃보다 잎이 아름다운 계절을 나타냈다.

입맛을 돋우기 위해 유리잔에 차 경단을 담았고 새콤달콤한 매실차도 준비했다. 우려 마신 찻잎으로 튀김도 했다. 삼색말이 절편은 6월 차 음식으로 추천할 만하다. 고명 없는 절편은 빨리 쉬지 않아 여름 음식으로 그만이다. 차에는 천연 방부제가 들어 있기 때문이다.

## 찻잎 옥수수 튀김

지금은 고인이 된 한양대학교 가정대학 식품영양학과 이성우 교수 팀은 지난 1990년 「생 찻잎의 자숙 및 튀김에 의한 화학성분 변화」라는 논문에서 "차생엽으로 튀김을 하면 타닌의 떫은맛이 줄어들 뿐 아니라 카페인 성분도 줄어든다"고 했다. 또한 "찻잎 속의 카로틴이라는 성분이 기름에 들어가면 성장에 도움을 주는 비타민A를 활성화한다"고 했다.

생 찻잎을 구할 수 없는 도시에서는 우려 마신 잎을 꼭 짜고 붉은 고추와 캔 옥수수를 섞어 튀김가루에 묻혀 튀겨 내면 차와 어울리는 다식이 된다. 우려 마신 찻잎은 플라스틱 통에 모아 냉동실에 얼려 두면 언제든지 별식 요리로 만들 수 있다.

## 찻잎 옥수수 튀김

**재료** 옥수수 통조림 30g, 새우 맛살 30g, 우려 마신 찻잎 30g, 달걀 1개, 소금·후춧가루 약간, 녹말가루·밀가루·식용유 적당량

**조리법** 01 옥수수를 체에 밭쳐 물기를 뺀다. 02 우려 마신 찻잎은 물기를 꼭 짠다. 03 새우 맛살은 5cm 길이로 잘라서 결대로 찢어 놓는다. 04 준비한 재료에 달걀, 밀가루, 녹말가루를 섞은 다음 소금과 후춧가루로 간을 맞춘다. 05 한 숟가락씩 떠서 180도의 식용유에 노릇하게 튀겨 낸다.

**재료**  멥쌀가루 3컵, 가루차 1/2티스푼, 백년초 가루 1/2티스푼, 설탕 1/2컵, 소금·참기름 약간

**조리법**  01 멥쌀가루에 설탕과 소금을 넣고 체에 내린 다음 시루에 30분간 찐다. 02 1을 3등분으로 나눠 하나는 가루차 또 하나는 백년초 가루를 섞는다. 나머지는 그대로 둔다. 03 2를 각각 도마에 놓고 색이 고루 섞이도록 오랫동안 치댄다. 04 흰떡도 따로 치댄 다음 떡 세 가지를 겹쳐 돌돌 만다. 05 말아 둔 떡을 썰어 서로 달라붙지 않게 참기름을 바르고 색이 곱게 드러나 보이도록 담는다.

녹차 綠茶

우리나라 차의 총 생산량은 비공식적이긴 하지만 연간 2,500여 톤이라는 통계가 있다. 국민 1인당 차 소비가 50그램 정도 되는 셈이다. 소비되는 차의 70~80퍼센트가 녹차다. 녹차 중에서도 시중에서 쉽게 접할 수 있는 봉지차가 절대 다수를 차지하고 나머지가 잎차다. 다도茶道니 다례茶禮니 하는 차의 법도를 이야기할 때는 봉지차가 아니라 잎차를 다루는 일련의 과정을 말하는 것이다.

곡우 무렵, 즉 4월 20일경 차나무에서 싹이 올라오기 시작하면 차농들의 일손이 바빠진다. 어린잎을 따야 고급차를 만들 수 있기 때문이다. 이때는 찻잎이 아침과 저녁이 다르게 빠른 속도로 자란다.

차는 생잎을 따는 시기와 잎의 크기에 따라 여러 갈래의 상품으로 나눠진다. 곡우를 전후하여 1주일 내에 딴 차를 우전차雨前茶라 하여 특상품으로 친다. 4월말 정도에 채취한 차는 세작細作이라 하며 5월 5일 입하 무렵에 딴 차를 입하차立夏茶라 하여 그다음으로 구분 짓는다. 물론 생잎의 채엽 시기는 차나무의 분포 지역

등 기타 요인에 따라 달라질 수 있다.

우전차는 찻잎이 피는 정도를 감안하여 맑고 청명한 날 이른 아침에 따는 것이 좋다. 비가 온 날이나 그다음 날에는 수분 함량이 많아 좋은 찻잎을 얻을 수 없다. 곡우 즈음에 채취하는 찻잎 중에서도 특히 잎사귀 뒷면에 흰 털이 많은 어린 잎은 최상품 차의 재료가 된다.

### 녹차의 제다법 : 덖음녹차, 증제녹차

녹차의 제다법은 두 가지로 나눌 수 있다. 섭씨 300도 정도 고온의 솥에서 생 찻잎을 덖어 발효를 억제시켜 만든 차를 '덖음차'라 하고, 섭씨 100도 정도의 증기로 30~40초 정도 쪄서 녹색을 그대로 유지하는 것을 '찐차'라고 한다.

덖음차는 대체로 손으로 만드는 수제품이 많고 모양이 둥글게 말려 있다. 찐차는 녹색을 띠며 납작하면서도 침처럼 뾰죽하게 마무리되어 있다.

요즘은 찻잎을 증기로 찐 다음 덖음 처리하는 방법이 늘고 있다. 찐차의 산뜻한 맛과 덖음차의 온화하고 구수한 맛이 조화를 이루는 한편 대량 생산을 할 수 있기 때문이다.

녹차는 발효과정을 거치지 않아 비타민C가 레몬의 5~8배나 함유되어 있다. 때문에 여자들의 피부미용에 특히 좋다. 우리나라에는 설록 옥로, 고려 녹아, 쌍계 우전, 승주 작설, 화개 죽로, 광주 춘설차, 보성 옥로 등의 명차가 있다.

중국은 저장성 항저우에서 생산되는 서호 용정西浩 龍井을 대표적인 명차로 내세운다. 일본은 교토현에 있는 우지 차밭에서 생산되는 우지 옥로宇治 玉露를 고급 녹차로 친다.

## 우린 녹차와 음료녹차의 성분 비교

일본에서 시판되는 녹차 음료 350밀리리터들이 음료와 잎차를 우려 그 성분을 분석 비교해 본 결과 비타민C를 제외한 모든 성분이 녹차 음료보다 잎차를 우린 것에 더 많았다는 결과가 발표됐다. 데아닌을 비롯한 유리아미노산류는 4.1배, 항균·항암 작용이 뛰어난 카테킨은 5.5배, 지방연소에 효과 있는 카페인은 2.5배, 그 밖에 칼륨 같은 미량 요소도 찻잎으로 우렸을 때 더 많이 추출되었다. 의외인 건 비타민C인데 이는 녹차 음료 쪽이 2.7배나 많은 것으로 나왔다. 알고 보니 이는 제품의 안정화를 위해 인공적으로 첨가했기 때문이었다.

1 뜨거운 물을 식힘 그릇에 부어 예열한다.

2 식힘 그릇의 물을 다관에 붓는다.

3 다관의 물을 잔에 부어 따 뜻하게 한다.

4 다관에 차를 2g 정도 넣는다.

5 식혀 둔 물을 다관에 붓는다.

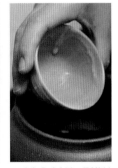

6 차가 우러나오는 동안(1분 30초) 찻잔의 물을 버린다.

7 다관을 들어 차가 잘 우려 나왔는지 느낌을 살핀다.

8 우린 차는 잔에 나눠 따른다.

9 찻잔에 받쳐 상석부터 드 린다.

10 차를 마신다.

# 7月

## 레몬녹차에 얼음 동동

녹차 우린 물에 레몬 조각을 띄우고
녹차 우린 물로 만든 얼음도 넣어 보자.
레몬향이 살짝 풍기는 냉녹차는 맛깔스럽고 시원하다.

여름날 차를 찾는 이유는 매우 현실적이고 과학적이다. 『동의보감』에서는 "차는 냉한 식품이라 번열을 없애 준다"고 했다. 또한 현대 과학이 밝혀낸 차의 성분 폴리페놀은 식중독을 예방한다. 차가 수인성 전염병을 예방한다는 건 이미 오래전에 알려졌다. 1923년 미국의 한 군의관은 연구논문에서 "순수배양한 장티푸스균을 차에 네 시간 접촉시킨 결과 균수가 크게 감소하였다. 20시간 뒤에는 균의 생존이 완전히 불가능해졌다"고 보고한 바 있다.

조선시대 문신이었던 권응창權應昌(1500~1568)이 지은 『우양저염역병치료방牛羊猪染疫病治療方』에는 소·염소·돼지의 전염병이나 치료제로 "작설차 2량에 물 5되를 풀어 입에 부어라"라고 했다. 이런 기록 때문인지 녹차 먹인 돼지고기가 인기를 끌고, 녹차 먹은 닭도 일반 닭보다 가격이 비싸다. 가축도 이럴진대 사람은 더 말할 나위가 없다.

조선 말 전남 대흥사의 강사직을 역임했던 범해梵海(1820~1896) 선사가 이질에 걸려 죽음 직전까지 놓였다가 차를 마시고 병이 나았다는 내용이 기록된 「차약설茶藥說」이라는 글이 있다.

임자년 남암에 있을 적에 이질에 걸려 사지가 나른하고 세 끼 밥을 잊은 지 열흘 넘어 한 달에 이르게 돼 꼭 죽는 줄로 알았다. 그러던 어느 날 함께 입실한 사형 무위와 함께 동생이 와서 함께 자리를 하고 앉았다. 사형이 말하기를 "나는 냉차를 가지고 어머니를 구한 적이 있어 위급할 때 달여 쓴다"했고 아우가 또 말하기를 "저도 위급할 때 쓰고자 차의 새싹을 간직하고 있는데, 한번 복용해 보는 것이 어떻겠습니까" 하므로 차를 달여 써 보았다. 한 주발을 마시고 나니 뱃속이 조금 편안하고 두 주발에 정신이 상쾌하며 서너 주발에 온몸에서 땀이 흐르고 시원한 바람이 뱃속에 스며드는 듯하여 애초에 병이 없었던 듯했다. 이 때문에 식욕이 점점 돌아오고 움직이는 것도 날로 편해져 70리나 떨어진 본가의 어머니 제사에 참석했다. 이때가 청나라 함풍 2년 7월 26일이었다.

범해 스님은 '훗날 차로써 병이 나았다는 이 사실을 모르는 이들에게 알려주기 위해 글을 쓴다'며 차가 생명을 구제하는 약이었음을 밝혔다. 여름에 차를 마셔야 하는 이유가 이처럼 분명한 글은 본 적이 없다. 약이 좋은 시절이긴 해도 병을 예방하는 데 있어선 차 생활도 중요하다.

우리들과 처음 차를 마실 때 자네는 이방인일세,

두 번째로 차를 마실 때는 영예로운 손님이고,

세 번째로 차를 마시면 가족이 되지,

가족을 위해서라면 우리는 무슨 일이든 할 수 있네.

# 석 잔의 차, 그 힘은 위대했다

『세 잔의 차』라는 책을 쓴 등반가 그레그 모텐슨은 세계에서 가장 가난한 나라 파키스탄의 산간 마을 80곳에 학교를 세워 3만여 명의 아이들을 문맹에서 해방시켜 주었다. 그는 학교를 세울 만한 재벌가는커녕 박봉의 월급쟁이였다. 그런 그가 화려한 기적을 일궈 낸 건 바로 석 잔의 차 덕분이었다고 한다.

히말라야 등반을 하던 중 조난을 당해 현지인 포터의 도움으로 목숨을 구한 그는 교육의 혜택을 누리지 못하고 가난한 미래를 물려받는 그곳의 아이들을 보고 선뜻 학교를 짓겠다는 약속을 한다. 그는 유명한 사람들에게 도움을 청하는 편지를 보낸다. 하지만 돌아온 답장은 20달러가 동봉된 편지 한 통이 전부였다. 그러나 그는 포기하지 않았다. 점심을 굶어가면서 돈을 모았고 타고 다니던 차를 팔았다. 그사이 연인과 헤어지고 직장에서도 해고됐지만 마침내 그는 집념 하나로 세계의 어느 재벌가도 손대지 못하는 일을 해내고 말았다. 감동받은 주민들은 말한다. 그가 학교를 짓기까지는 '세 잔의 차'를 마실 시간이 필요했다고. "우리들과 처음 차를 마실 때 자네는 이방인일세, 두 번째로 차를 마실 때는 영예로운 손님이고, 세 번째로 차를 마시면 가족이 되지, 가족을 위해서라면 우리는 무슨 일이든 할 수 있네."

석 잔의 차, 그 힘은 위대했다. 차 한 잔에서 얻을 수 있는 힘이 무엇인지 생각해 보는 찻자리도 좋겠다.

# 견우 직녀가 차를 마시다

칠석은 견우와 직녀가 만나는 날이다. 1년에 딱 한 번이다. 견우와 직녀의 만남을 기념하는 칠석차례 축제가 전국에서 펼쳐진다.

불가에서는 칠성전에 일곱 잔의 차를 올리고 다게를 읊었다는 기록도 있다. 종가에서도 조상님 모셔 둔 사당에 햇밀로 빚은 국수와 밀전병, 햇과일 등 제물을 차려놓고 칠석차례를 모신다. 고종 때 만든 『어진도감』에는 왕가에서 절기마다 차례를 지낸 비용을 자세히 기록해 뒀는데 칠석차례에 썼던 비용이 15,000냥이었다. 초하루 보름다례보다 5,000냥이 더 들어간 풍성한 상차림이었던 것인데 제상에 차가 올랐는지는 알 수 없다.

견우와 직녀를 초대하는 마음으로 찻자리를 준비했다. 빳빳하게 풀 먹인 쪽빛 모시 테이블보를 깔고 새하얀 모시 조각보를 그 위에 올렸다. 쪽빛은 직녀를, 흰색은 견우를 의미한다. 음·양의 기본 색은 청은 여자를, 홍은 남자를 상징했지만 붉은색은 더운 느낌이 들어 흰색으로 대신했다. 견우와 직녀의 아름다운 만남을 축하하는 차로는 레몬녹차와 한국의 허브 박하차로 준비했고 다식으로는 월남쌈을 만들었다.

경남 덕유산 자락에 아늑하게 자리 잡은 갈천 마을, 효자로 이름 높은 조선시대 인물 임훈林薰(1500~1584) 종가에서 얻어 온 박하차는 우리나라 토종 박하다. 박하 세 잎 정도를 따 씻은 다음 유리 다관에 넣고 뜨거운 물 100리터 정도를 부어 1~2분 후에 마셔 보면 코가 뻥 뚫리는 듯하고 가슴이 시원해져 마셔 본 사람마다 '우리나라에도 이런 허브차가 있어?' 라며 감탄한다.

녹차 우린 물에 레몬 조각을 띄우고 녹차 우린 물로 만든 얼음도 넣어 보자. 레몬향이 살짝 풍기는 냉녹차는 맛깔스럽고 시원하다.

## 찻잎, 월남쌈

견우직녀의 반가움의 눈물과 이별의 눈물을 상징하는 물방울 무늬의 유리 접시를 가운데 놓고 견우직녀의 사랑을 싸듯 야채 월남쌈을 다식으로 놓았다. 월남쌈은 슈퍼마켓 어디든 있다. 따뜻한 물에 살짝 넣기만 하면 금방 촉촉해지는 월남쌈은 쌀로 만든 것이라 맛이 구수하다.

좋아하는 야채를 채 썰어 두었다가 월남쌈에 놓아 싸 먹기만 하면 되는 아주 쉬운 여름 별식이자 출출해진 찻자리 다식으로 그만이다. 소스는 겨자소스가 좋다.

월남쌈

**재료** 소고기·우려 마신 찻잎·버섯·홍당무·미나리·오이·월남쌈 적당량, 달걀 황백 지단, 소금·후추·깨소금·참기름 약간

**조리법** 01 채 썬 소고기는 고기 양념한 뒤 볶는다. 02 우려 마신 찌꺼기 찻잎은 물기를 꼭 짜고, 깨소금·참기름·소금으로 간해 팬에 살짝 볶는다. 03 버섯은 데쳐서 소금·후추·깨소금으로 간한다. 04 홍당무와 오이는 채 썰어 새콤달콤한 소금물에 살짝 절인 다음 물기를 짠다. 05 달걀 황백 지단도 채 썬다. 06 미나리는 살짝 데쳐 월남쌈을 묶는 데 사용한다. 07 따뜻한 물에 월남쌈을 살짝 담갔다가 촉촉해지면 한입 크기의 재료를 넣어 주머니처럼 싼 다음 미나리로 묶는다.

》 홍당무·오이·피망 등을 채 썰어 새콤달콤 짭조름한 물로 간한 다음 삶아 으깬 감자에 섞어 마요네즈로 맛을 더하고 가루차를 조금 넣으면 초록색 월남쌈이 된다. 차가 들어가면 빨리 쉬지 않는다.

## 가루차 抹茶

차색이 푸르기 때문에 녹차류에 속한다. 가루차는 쓴맛을 없애고 푸른색을 유지하기 위해 찻잎이 싹트기 시작하면 볏짚으로 지붕을 만들어서 햇살을 막아 그늘진 곳에서 잎을 키운다.

어린잎을 따서 수증기에 10~20초 정도 짧은 시간 찐다. 찻잎의 변색을 막기 위해 곧바로 냉각시킨 다음 재빨리 말린다. 수분을 완전히 없애 3~5밀리리터 크기로 자른다. 이때 잎맥도 가려낸다. 맷돌과 같은 말차 제조용 기계를 사용해 미세한 가루로 만든다.

일본이 자신들의 대표적인 차문화로 내세우는 것도 바로 이 말차이다. 그들은 차실을 특별히 꾸미고 찻자리에서 차 한 잔을 만들어 내는 전 과정을 마치 성스러운 의식을 치르듯 하면서 다도라는 이름으로 차를 즐기고 고유한 차문화를 논한다.

일본에서 국보로 대접하는 차그릇이 우리나라에서 건너갔다는 사실은 우리 차의 정체성과 차문화의 우수성을 짐작케 한다.

우리나라에는 아주 먼 옛날부터 가루차가 있었다. 고려시대에는 덩이차를 맷돌에 갈아 찻사발에 타서 부처께 헌다하는 의식이 국가적인 의례였다. 승려와 선비들의 모임에는 반드시 차가 등장했고, 찻자리에서 지어진 수천 수의 시가 지금에 전해져 옛사람들의 차 생활을 그려볼 수 있다.

녹차에는 물에 녹는 수용성과 기름에 녹는 지용성이 있다. 그러기에 녹차를 물에 우리면 40퍼센트의 수용성만 섭취하게 되지만 가루차는 물에 녹지 않는 비타민A나 토코페롤, 섬유질 등을 그대로 섭취할 수 있다는 장점이 있다. 특히 아미노산과 엽록소가 많고 뜨거운 물에 휘저어 그대로 마시거나 빵, 국수, 아이스크림, 푸딩, 젤리 등 여러 가지 요리에 응용할 수 있어 영양 가치가 높다.

하지만 시원하게 음료수로 마시기에는 적합하지 않으며 또한 햇볕을 적게 받고 자란 차여서 약효성도 다를 수 있다. 우리나라에서도 '한국제다' '태평양 화학' '쌍계제다' 에서 가루차를 생산한다.

### ··· 가루차 우리는 법

1 물을 끓인다.

2 사발 크기의 찻잔에 끓인 물을 붓는다.

3 잠시 후 차선을 담가 적셔 낸다.

4 찻잔에 골고루 물기가 닿도록 물을 앞뒤 좌우로 원을 그리듯 저어, 버림 그릇에 붓는다.

5 차 수건으로 찻잔의 물기를 돌려 닦고, 따뜻해진 찻잔에 가루차 2g을 넣는다.

6 섭씨 90도 이상의 뜨거운 물 100cc를 찻잔에 가만히 붓는다. 잎차가 섭씨 80도 정도의 물에서 가장 맛있게 우러나는 것과는 달리 가루차는 물이 뜨거워야 거품이 살아나고 맛과 향이 좋다.

7 차선으로 갈지(之)를 그리듯 빠른 동작으로 앞뒤로 30초 정도 젓는다. 차선을 잡은 손에 너무 힘을 주지 말고 가볍고 힘 있게 젓는다. 차 거품이 하얗게 일어나면 잘 저어진 것이다.

8 다식을 먼저 먹고 차를 마신다.

## ❖ 덩이차 다법

차 산지인 하동 쌍계사 마당에 세웠던 진감국사(眞鑑國師, 774~851)의 비
석 글에는 "다시금 한명(漢茗)을 공양물로 주면 찻가루로 내지 않고 돌솥
에 넣어 섶나무를 불 때서 삶아 마시겠다. 나는 이 맛이 어떤지를 알고자
하지 않으며 그저 배를 적실 뿐이다"라는 내용이 있다. 이를 통해 지금의
보이차 같은 덩이차를 우려 마시지 않고 끓여 마셨던 다법과 차를 달였
던 돌솥이 있던 신라시대 찻자리를 짐작할 수 있다.

# 8月 느티나무 그늘 아래

잎차보다 고전적이고 서민적 향취가 느껴지는 덩이차 하나를
차 단지에 넣고 뜨거운 물을 부으면 우려도 우려도 변치 않는
그 맛이 속 깊은 농부들의 심성과 닮았다는 것을 느낄 수 있다.

　시원한 느티나무 그늘 평상에서 보리타작 끝난 농부들이 둘러앉아 차 한 잔으로 여유를 갖는 토속적인 여름 차 풍경을 그려 본다. 그 상상의 나래를 서울 도봉구 우이동 옹기 박물관 마당에 펼쳐 보았다. 아침부터 비가 내렸다 개다를 거듭하는 하늘의 먹구름은 마치 조명등 같아 찻자리 분위기를 한층 고조시켰다.

　옹기로 둘러싸인 박물관 마당에 멍석을 펴고, 갈잎 방석도 놓고, 속살 드러낸 찻상 위엔 대나무 껍질로 엮은 1인용 매트 네 장을 깔아 자연과의 조화를 강조했다. 찻상 가운데엔 잎이 작은 나뭇잎과 얼굴이 크지 않은 황색 꽃꽂이를 했다. 그 옆 기다란 자연석 위엔 앵두편과 살구편을 올려 계절과 어울리도록 했다. 그리고 돌 접시에는 오늘의 차를 표현하는 덩이차 꾸러미를 놓았다.

　잎차보다 고전적이고 서민적 향취가 느껴지는

덩이차 하나를 차 단지에 넣고 뜨거운 물을 부으면 우려도 우려도 변치 않는 그 맛이 속 깊은 농부들의 심성과 닮았다는 것을 느낄 수 있다. 덩이차는 여름에 먹기 좋은 차이다.

## 돈차와 수박차

마침 '지리산 차천지'에서 돈차(엽전 모양으로 만든 차) 한 꾸러미를 선물받았다. 6년쯤 숙성돼야 제 맛이 난다며 옹기 항아리에 넣어두고 잊어버릴 만하면 꺼내 마시라고 했다. 1년 전에 만들었다는 돈차 하나를 잘게 부순 다음 옹기 워머에서 20분간 구운 뒤 다관에 넣고 한 번 헹구고 다시 뜨거운 물을 부어 차를 우렸다. 색은 취녹색이었고, 맛은 부드럽고 달콤했다. 은은한 과일 향이 찻잔에 오랫동안 머물렀다. 열탕에 우렸음에도 쓴맛이 적고 반복해 우려도 맛이 싱겁지 않아 갈증날 때 물처럼 마시기에 좋았다.

궁합이 잘 맞는 메추리알 홍차 조림을 다식으로 곁들었다. 이는 메추리알을 삶아 껍질을 벗기고 홍차 우린 물에 진간장과 매실액을 섞어 은근한 불에 졸여 만든다. 달걀 홍차 조림은 너무 커서 한입에 넣기 어렵기 때문에 메추리알 조림이 찻자리엔 알맞다.

와인잔을 닮은 쪽빛 도자기 잔에는 수박주스를 담았다. 찻자리에 웬 수박주스냐고 하겠지만 더위 때문에 빠져나간 수분 보충에는 수박 이상 좋은 과일이 없다. 수분 함량이 90퍼센트 이상이어서 수박을 두고 '자연산 전해질 음료'라고 한다. 또한 칼륨이 많아 혈압을 조절해 주고 심장 박동을 일정하게 해 더위에 올라가는 혈압을 낮춰 준다. 수박의 붉은 색소에는 항암제가 들어 있다는 연구 결과도 있다.

보통 수박은 붉은색 과육만 수저로 긁어 먹게 되지만 푸른 속껍질에도 영양이 많다. 이를 주스로 만들어 먹을 수도 있다. 수박을 잘게 썰어 씨를 빼고 푸른색 겉껍질은 깎아 낸다. 150그램 정도를 믹서에 넣은 후 65밀리리터 요구르트 두 병을 부어 간다. 수박의 시원한 느낌과 요구르트의 새콤한 맛이 어울어져 '이게 수박주스구나'라며 감탄하게 될 것이다. 속껍질 재활용 차원에서도 권할 만하다.

# 앵두편 만들기

**재 료** 앵두·살구 적당량, 녹두녹말·설탕·소금 약간

**조리법** 01 앵두와 살구를 씻은 다음 각각 다른 냄비에 물을 자작하게 붓고 소금도 조금 넣어 과육이 무르도록 끓인다. 02 물러진 살구와 앵두를 각각 체에 밭쳐 씨와 껍질을 걸러 낸다. 03 2의 액체를 다시 냄비에 각각 넣어 재료보다 1/4 정도 적게 설탕을 넣고 졸이다가 녹두녹말을 물에 풀어서 넣고 다시 한 번 졸인다. 04 즙이 주걱으로 뚝뚝 떨어질 정도로 되직해지면 네모난 그릇이나 둥근 얼음 틀에 굳혀 모양을 잡는다.

> 》 절편
> 과편은 만들기가 쉬우면서 새콤달콤한 맛이 일품이다. 무엇보다 계절 음식으로 추천할 만하다. 바라보기만 해도 아름다운 자연의 색에 빠져들게 되는 과편은 절편과 함께 먹으면 찰떡을 조청에 찍어 먹는 것보다 더욱 별미다. 절편을 먹기 좋은 크기로 썰어 그 위에 앵두편과 살구편을 올리면 된다.

# 가루차 양갱 만들기

**재 료** 가루차 1티스푼, 한천 10g, 물 1컵, 설탕 1/2컵, 소금 1/3작은술

**조리법** 01 한천은 씻은 뒤 물에 불렸다가 물기를 꼭 짠다. 02 냄비에 물 1컵을 붓고 1과 설탕, 소금을 넣고 설탕이 녹을 때까지 끓인다. 03 가루차 1티스푼에 미지근한 물을 자작하게 붓고 곱게 풀어 놓는다. 04 2에 가루차를 섞는다. 더 이상 끓이면 가루차가 탁해지며 그냥 섞기만 하면 색이 곱다(이때, 잣이나 삶은 밤을 넣으면 가루차 밤 양갱이 된다). 05 사각 용기에 부어 1시간 정도 굳힌 다음 먹기 좋은 크기로 썰어 절편 위에 올려 둔다. 앵두편, 살구편을 함께 만들어 절편 위에 올리면 색이 좋다.

# 백차 白茶

백차의 역사는 오래됐다. 중국 명나라 때인 1554년에 지어진 『자천소품煮泉小品』이란 책에 소개돼 있는 이 차는 찻잎이 5~15퍼센트 정도 발효된 약발효차에 속한다.

백차는 솥에서 덖거나 비비기를 하지 않고 찻잎을 펼쳐 널어 수분을 증발시키고 잎을 부드럽게 한 다음 건조시켜 만들기 때문에 차싹의 하얀 털이 선명하게 드러나며 찻잎의 모양은 길고 뾰족하다.

차맛이 담백하고 신선하며 단맛이 도는 특징이 있다. 여름철에 열을 내려 주는 작용이 있다고도 한다. 중국 황실에서는 한약을 지을 때 사용하기도 했다. 대표적인 백차는 중국 푸젠성福建省의 정허政和 푸딩福鼎 지역에서 생산되는 백호은침白毫銀針이다. 백차라는 이름은 하얀 털에 싸여진 찻잎이 은백색을 띤다고 해 붙여졌다. 우리나라에서도 극소수의 백차가 생산되고 있다.

### 백차 맛있게 우리기

백차는 도자기보다는 유리 찻주전자에 우려야 운치가 있다. 찻잎을 넣고 뜨거운 물을 부으면 찻잎이 곧게 뜨다가 천천히 가라앉는 모습이 마치 무용수가 춤을 추는 듯 아름답다. 찻잎에서 침출되는 찻물의 변화과정도 볼 수 있다. 차색은 밝은 등황색이다. 백차 2g에 뜨거운 물 100cc를 붓고 2분 정도 우리면 상쾌하고 맑은 기운이 감도는 차를 즐길 수 있다.

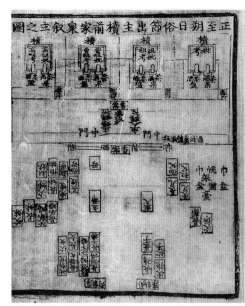

김장생의 『가례집람』

## ❖ 다례, 극진한 정성의 찻자리

조선의 차는 조상을 섬기는 제례뿐 아니라 생신차례·회
갑다례·고유차례·별다례·주다례·강신차례·잠신제 등
수많은 제례와 상례 등에서 공식적인 의례물이었다. 이는
주자의 『가례』를 기본 원칙에 둔 왕실의 정책 때문이기도
했다.

특히 조선 왕실에서는 속절다례(俗節茶禮)라고 해서 정월
초하루는 물론 동지와 추석·청명·한식·보름·사월초파
일·유두·초복·중복·말복·칠석·중양절 등 24절기에 다
례를 행한 것으로 나타난다.

1599년에 완성된 김장생의 『가례집람』을 보면, 초하루와
보름차례에는 차 한 잔, 술 한 잔, 과일 한 접시를 올리도
록 했다. 이 책은 새해 맞이 사당 차례에도 차 한 잔과 과
일 한 접시가 제수품의 전부였음을 알려 주며 가루차를 휘
젓는 차솔과 찻잔 등도 그림으로 보여 준다.

{ 차 . 꽃 . 의 . . 계 . 절 }

秋

# 9月

책册이 차茶를 부른다

차인들은 기록 속에 차문화가 빛나고 있다는 점에 주목해야 한다.
한국의 차는 그 높고 아름다운 전통의 향기 속에 굳건히 뿌리내리고 있어
조선에는 차가 없다는 일인들의 망언에 쐐기를 박고 있다.

우리 의서 『동의보감』이 유네스코에서 지정하는
세계기록문화유산에 등재됐다. 이보다 앞서 『훈민정
음』『조선왕조실록』『직지심체요절』『승정원일기』와
『고려대장경판과 제경판』『조선왕조의궤』등 모두 일
곱 건이 선정돼 보유국 중 아시아에서 1위이고 세계
에서는 여섯 번째이다. '기록문화 강국'의 문화민족
으로서 자부심을 느낀다.

허준의 『동의보감』

　특히 차인들은 등재된 기록 속에 차문화가 찬연히
빛나고 있다는 점에 주목해야 한다. 한국의 차는 그 높고 아름다운 전통의
향기 속에 굳건히 뿌리내리고 있어 '조선에는 차가 없다'는 일본인들의 망언
에 쐐기를 박는다.

## 기록 유산마다 차가 있었다

『동의보감』은 특히 차인들에게 아주 친숙한 책이다. 「탕액편」 '고다 작설차(苦茶 작설차)' 조에는 "차는 냉한 식품이며 맛은 쓰고 무독하다. 머리를 맑게 하고 눈을 밝게 하며 소변을 좋게 한다. 침독을 풀어 준다"라는 설명이 있다. 차의 효능을 이처럼 포괄적이면서 간단명료하게 설명한 책은 일찍이 없었다. 『조선왕조실록』에는 수많은 다례가 행해졌던 세태가 상세히 기록돼 있다. 귀한 손님을 맞이할 때는 물론 상례와 제례 등 의례에 차가 사용됐음을 입증하고 있다.

150여 가지 차 이름이 기록된 『승정원일기』는 작설차가 아닌 대용차도 차의 대열에 들어가 있는 점이 눈에 띈다. 특히 영조가 동궁의 비만을 걱정하는 부분에서 우전차를 마시면 살이 빠질 수 있다고 하는 내용이 있어 차가 비만 치료에 효과적이라는 사실이 일찍이 왕가에서도 논의되고 있었던 점을 알 수 있다. 『조선왕조의궤』에는 다정茶亭과 은 찻종, 은 차관을 그림으로 그려 두어 의식용 찻잔의 원형을 살필 수 있다. 차의 효능과 의례, 대용차와 찻그릇까지 500여 년의 유구한 기록 속에 차문화가 생생하게 살아 있다.

## 차는 만 권의 책을 기억하게 한다

조선 헌종 때 실학자 이규경李圭景(1788-?)은 1년 사시 하루 열두 시간의 정취

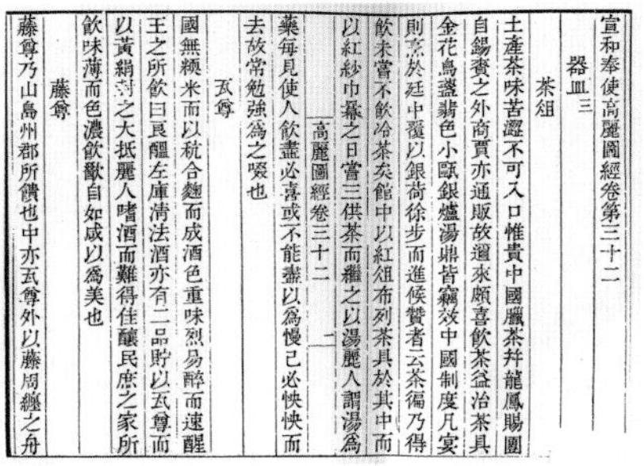

宣和奉使高麗圖經卷第三十二

器皿三

茶俎

土產茶味苦澀不可入口惟貴中國臘茶并龍鳳賜團
自錫賚之外商賈亦通販故邇來頗喜飲茶益治茶具
金花烏盞翡色小甌銀爐湯鼎皆竊效中國制度凡宴
則烹於廷中覆以銀荷徐步而進候贊者云茶徧乃得
飲未嘗不飲冷茶矣館中以紅俎布列茶具於其中而
以紅紗巾冪之日嘗三供茶而繼之以湯麗人謂湯為

高麗圖經卷三十二　二

藥每見使人飲盡必喜或不能盡以為慢己必怏怏而
去故常勉強為之啜也

瓦尊

國無糯米而以秔合麴而成酒色重味烈易醉而速醒
王之所飲曰良醞左庫清法酒亦有二品貯以瓦尊而
以黃絹封之大抵麗人嗜酒而難得佳釀民庶之家所
飲味薄而色濃飲歠自如咸以為美也

藤尊

藤尊乃山島州郡所饋也中亦瓦尊外以藤周纏之舟

서긍의 『고려도경』

### ❖ 손님맞이 찻자리

고려 중기에 송나라 서긍(徐兢, 1091~1153)이 보고 들은 바를 기록한 정보 보고서인 『고려도경』을 보면 다음과 같은 기록이 있다.

"토산차(土産茶)는 맛이 쓰고 떫어 입에 넣을 수 없고 오직 중국의 납차와 용봉사단(용봉차)을 귀하게 여긴다. 하사해 준 것 이외에도 상인들이 오가며 차를 판다. 근래에 와서 차 마시는 것을 좋아하는 고려인들이 늘었기 때문에 차 끓이는 용기의 생산량도 증가하고 있다. 금화오잔(흑유잔), 비색소구(청자잔) 은로탕정(은으로 만든 화로와 솥) 등은 중국의 모양과 규격을 흉내낸 것들로, 대체로 연회 때는 회장 가운데서 차를 끓여 은으로 만든 연잎 모양의 뚜껑을 덮어 가지고 천천히 걸어와 앞에 내 놓는다. 찬자(贊者)가 "차가 다 있습니다" 하고 말하면 마실 수 있다. 차가 차가워져 마실 수 없게 되는 일은 없다. 숙소 안에는 붉은 다조(茶俎)를 놓고 그 위에다 차의 용기들을 두루 진열한 다음 붉은 보를 덮었다. 하루 세 차례씩 차를 맛볼 수 있도록 했고 뒤이어 또 끓인 물을 넣는다."

이 기록은 현대 찻자리의 고전이 되고 있다.

농수정

### ❖ 조선 궁궐의 차실

조선시대 찻자리 공간은 궁궐과 정자 등에 많이 남아 있다. 창덕궁·경복궁·덕수궁 등은 왕이 사신을 맞이해 다연을 베풀었던 곳이다. 창덕궁 후원에 있는 선향재에는 '새로 고저차를 끓인다'는 내용의 주련이 걸려 있어 찻자리 공간임을 여실히 보여 준다. 이외에도 창덕궁 후원의 농수정, 소요정, 어느 곳 하나 차향으로 발걸음을 멈추게 하지 않은 곳이 없다.

에 대한 기록「변증설」에서 봄철에는 "새벽에 일어나 말린 매화를 끓여 차를 만들며…… 옥유향을 피운 다음 적문赤文 녹자綠字의 글을 읽는다. 정오에는 샘물을 길어다가 햇차를 달인다"고 했다.

"차의 공덕이 높음에도 아무도 칭송하는 자가 없어 『다부茶賦』를 쓰노라"라고 말한 한재 이목寒齋 李穆(1471~1498)은 차의 다섯 가지 공과 여섯 가지 덕을 논하는 글에서 그 첫머리에 책을 읽을 때 차가 주는 고마움을 역설하고 있다. '밤늦도록 책상에서 만 권의 책을 독파하려 할 때 차가 아니면 무엇이 그 목마름을 풀어 줄까'라며 차가 책 읽는 선비에게는 최고의 음료임을 강조했다.

중국 당나라 때 인물 노동盧仝(775~835)의 『일곱 주말 차 노래』에서는 "첫째 잔은 입술과 목을 적셔 주고 둘째 잔은 고민을 씻어 주고 셋째 잔에는 무딘 붓끝이 풀려 생각나는 글이 5,000권이나 된다"며 책을 볼 때 차를 마시면 기억력이 증가한다는 체험적 깨달음을 밝혀 놓았다. 그에게 차와 책은 불가분의 관계였음을 알 수 있다.

## 책과 차가 있는 '차 그림'

기록문화를 중히 여겼던 선조들이지만 찻자리 풍경을 구체적으로 기록하지 않았던 건 차는 일상의 생활 음료였기 때문이다. 그러나 선비들은 차를 마시고 흥에 겨울 때면 차시를 남기기도 했고 그 찻

"책을 보고 난 뒤 옥로를 끓여 두 잔을 마시고, 쓴 차를 한 잔 마신다."

도자기 파편이 찻잔받침이 됐다.

자리 풍경이 그림으로 포착되기도 했다.

조선 후기의 화가 이인상李麟祥(1710~1760)의 그림 「송화수업도松花授業圖」에는 손잡이가 위로 달린 다관과 찻종이 그려져 있다. 소나무 그늘 아래 평상에 선생은 책상다리로 앉고, 제자는 바지저고리 차림에 상투머리 그대로 바닥에 엎드려서 엄숙하게 책을 읽는 장면이 있다. 그 곁에 소담하게 핀 국화꽃이 계절이 가을임을 느끼게 한다. 차 한 잔으로 머리를 청명하게 한 다음 수업에 들어간 모양으로 책 있는 곳에 차가 있음을 말해 주는 다화이다.

이재관李在寬의 「파초제시도芭蕉題詩圖」에서는 동자는 먹을 갈고 선비는 붓을 들어 일필휘지하는 모습과 파초 그늘이 시원한 바위 옆에 책과 차병, 찻잔을 올려놓은 찻상을 볼 수 있다. 바닥에 놓인 풍로에는 손잡이가 위를 향하고 있는 주전자가 올려져 있어 찻물이 끓고 있음을 짐작하게 한다.

이인문李寅文의 「서원아집도西園雅集圖」에서는 매화와 대나무가 그려진 서원에서 사군자를 치고 있는 선비와 찻물 끓이는 불을 살피는 다동의 모습을 볼 수 있다. 역시 이인문의 작품으로 「산거독서도山居讀書圖」에서는 깊은 산에 은거한 선비가 책을 읽고 있고 동자는 부지런히 찻물을 길어 나르고 있다. 이인문은 「산거도山居圖」 화제畵題에서 "책을 보고 난 뒤 옥로를 끓여 두 잔을 마시고 다시 끓여 쓴 차를 한 잔 마신다"고 적고 있다.

격조 높은 선비의 방을 두른 병풍 책가도에도 찻잔은 어김없이 그려져 있어 책 읽는 선비의 벗은 문방사우가 아니라 차 하나가 더 놓인 문방오우梅·蘭·菊·竹·茶라 할 수 있을 정도이다.

# 차 일기

책이 있는 찻자리를 꾸미면서 차 일기를 써 보자. 우리의 소소한 차 일기가 모여 일기책이 되고 그 일기책은 훗날 오늘날의 차 생활을 연구할 수 있는 역사의 한 페이지를 장식할지 모른다. 세계기록문화유산에 등재된 『승정원일기』처럼 말이다.

주상께서 말씀하시기를 "세자는 먹성이 좋기 때문에 살이 지나치게 많이 찐다. 10세 전에 비만이면 습열의 우려가 있지 않은가? 나는 어려서부터 절식하였기 때문에 비록 비습하여도 발걸음은 경쾌하다. 세자가 육미원의 해를 입은 것이 아닐까?"라고 하셨다. …… 김재로가 말하기를 "청차를 복용하면 좋을 것입니다"라고 하였다. 주상께서 말씀하시기를 "비만에 좋은가?"라고 하셨다. 재로가 말하기를 "저 사람들(중국인)은 고기를 먹은 뒤에 반드시 우전차를 복용합니다"라고 하였다.

영조 20년 4월22일의 기록이다. 영조 임금이 비만인 세자를 걱정하며 신하들과 청차와 우전차의 효능에 대해 논하였다.

다산초당

### ❖ 다산 정약용과 추사 김정희의 차실

조선시대를 대표하는 차인들의 종가를 120집이나 취재했으나 차실을 독립적으로 꾸민 집은 찾기 어려웠다. 그에 반해, 다산과 추사는 차실을 따로 마련해 놓았던 차인들로, 우선 조선후기 대표적인 차실은 다산 초당이다. 다산이 유배당해 강진에 내려와 머물던 곳으로 서옥 작은 마당에는 편편한 너럭바위가 있다. 다산은 이곳에서 솔방울로 차를 달여 마셨다고 했다. 또 뱃놀이를 나갈 때는 반드시 다관을 챙긴다는 시를 남겼다. 충남 예산에 있는 추사 김정희 고택은 사랑채에서 방 한 칸을 차실로 사용했던 흔적을 주련으로 보여 준다. 그 밖에, 조선 헌종 때 시·서·화 3절이라 불렸던 소치 허련(小痴 許鍊, 1808~1893)의 차실은 전남 진도에 있는 운림산방이다. 조선 귀족들의 차실을 전형적으로 보여 주는 강릉 선교장의 외별장 활래정은 차를 달이는 부엌과 차회를 펼쳤던 마루, 은차기 등이 그대로 남아 전해지고 있다. 전남 해남에 있는 일지암은 초의선사가 『동다송』을 저술하며 차를 달여 마셨던 찻자리의 전범으로 남아 있다.

### ❖ 선비와 승려들의 차 겨루기

차는 승려와 귀족의 취미 생활이었다. 평양 대동강의 만경루와 진주 촉석루, 밀양 영남루 등지는 승려들이 차 겨루기를 하며 차를 마셨던 누각들이다. 그들은 차 산지, 찻그릇의 역사, 샘물·석간수·우물물 등의 찻물 종류 등을 놓고 차를 겨뤘다. 이런 찻자리에 함께하지 못했던 고려 명종 때의 선비 김극기는 「용만잡흥(龍灣雜興)」이란 시에서 "찻자리를 함께하지 못한 게 한스럽다"고 했다.

# 선비의 얼굴, 차인의 얼굴

조선의 선비, 조선의 차인을 꼽을라치면 단연 다산 정약용과 추사 김정희다. 이분들을 만나 본 일이 없으니 실물이 어떠한지는 말할 수 없으나 그들이 남긴 문장이나 초상화로 얼굴을 상상해 보는 것도 즐겁다.

『국역다산시문집』「상론相論」편에서 다산은 사람의 마음과 얼굴에 대해 논평하고 있다.

학생은 그 상이 어여쁘다. 장사치는 상이 시커멓다. 목동은 지저분하다. 노름꾼은 사납고 약삭빠르다. 대개 익힌 것이 오래일수록 성품 또한 옮겨간다. 속으로 마음을 쏟는 것이 겉으로 드러나 상도 이에 따라 변하는 것이다. 사람들은 상이 변한 것을 보고 "상이 이러니 하는 짓이 저렇지"라고 말한다. 아! 이것은 잘못이다.

흔히 얼굴은 마음의 거울이라 한다. 마음이 하는 일을 얼굴빛이 닮아 간다고 한다. 때문에 50줄이 넘은 사람은 처음 만남에도 대개 그 얼굴에서 그 사람의 이력을 살필 수 있다.

우리 차인들의 얼굴빛은 어떠할까? 매일 차를 마시고 청담을 나누는 차인들의 얼굴빛은 담박하고 해맑은 차색을 닮았을까? 찻잔에 담긴 맑은 차를 바라보면서 잠시 동안이나마 차빛에 내 마음을 옮겨 내 얼굴도 차처럼 맑았으

면 좋겠다고 생각하는 차인이 되었으면 좋겠다.

## 서른다섯 살 찻잔

값비싼 차구가 아니어도, 고급의 우전차가 아닐지라도 조촐
한 선비의 모습을 닮은 찻자리를 꾸며 보고 싶었다. 그 맑은 차의
정신을 가슴에 담아 두면 얼굴빛도 차를 닮아 맑아지지 않을까 싶다.

무명천에 감물 드린 보자기를 깔았다. 폭 좁은 진갈색 보를 중심에 놓아
균형을 잡고 소담스레 그려진 국화가 가을 분위기를 한층 돋우는 백자병에
꽃 대신 망개나무 가지를 늘어뜨렸다. 가운데엔『동의보감』필사본을 올리고
놋촛대에 불을 밝힌다.

찻잔은 지금은 고인이 된 신정희 선생이 70년대 초반에 만든 분청 찻잔과
70년대 후반 수안 스님이 신정희 요(가마)에서 만든 감 찻잔을 준비했다. 학
스님으로 알려진 수안 스님과의 추억은 평생 잊지 못할 풍경이다. 70년대
말, 통도사 축서암 뒷마당 감나무 평상에 앉아 스님은 무쇠 화로에 찻물을
끓여 법도대로 차를 우려 주었다. 돌아갈 때 마셨던 찻잔을 손에 쥐어 주고
빙긋 웃던 정겨운 모습이 찻잔 속에 어린다.

차는 머리를 맑히는 녹차와 피를 맑히는 연잎차이다. 앉아서 공부하는 사
람들을 편하게 하는 차다. 책 읽는 사이사이 간식으로 먹기 좋은 찻잎
두부 과자와 출출할 때 요기가 되는 가루차 국화전도 내 보았다.

## 가루차 두부과자

**재료** 가루차 1티스푼, 중력분 1컵, 설탕 2큰술, 두부 80g, 달걀 1개, 소금 약간

**조리법** 01 두부는 물기를 꼭 짜서 으깬다. 02 중력분에 가루차를 넣어 체에 내린 다음 으깬 두부와 달걀을 넣고 되직하게 반죽한다. 03 2를 얇게 밀어 둥근 고리를 만들어 기름에 튀겨 낸다.

**재료** 찹쌀가루 1컵, 가루차 1작은술, 설탕·작은 국화송이 약간

**조리법** 01 소금 간한 찹쌀가루에 가루차를 넣어 체에 내린 다음 익반죽을 하고 지름 4cm, 두께 0.3cm 정도로 둥글게 빚는다. 02 팬이 달궈지면 불을 낮추고 기름을 두른 뒤 빚어 둔 반죽을 올려 숟가락으로 살짝 눌러 주면서 앞뒤로 지진 뒤 국화를 올려 장식한다.

》『규합총서』를 보면 봄에는 진달래꽃, 여름에는 황장미, 가을에는 국화로 전을 부친다고 했다.

# 황차 黃茶

황차는 찻잎을 10∼25퍼센트 정도 발효시켜 만든 차다. 어린 찻잎을 따서 먼저 솥에서 덖은 다음 비비고 말린 후 찻잎의 수분이 절반 정도 남았을 때 종이나 베 보자기에 싸서 상자에 넣고 40시간 정도 발효悶黃(민황)시켜 말리는 과정을 거친다.

황차는 중국 송나라때 녹차를 만들다 잘못되어 찻잎이 황색으로 변하는 바람에 발견됐다 한다. 찻잎이 발효되면서 떫은맛이 감소돼 차맛이 순하고 부드러운 특징이 있다. 중국 후난성 동탕후 부근에서 생산되는 군산은침群山銀針이나 몽정황아蒙頂黃牙, 북항모첨北港母尖 등이 중국의 대표적인 황차이다. 우리나라에서도 황차가 판매되고 있다.

## 황차 맛있게 우리기

뜨거운 물에 찻주전자를 한 번 헹군 뒤 차 2g을 넣고 100도에 가까운 물 100cc 정도를 붓고 1분 뒤에 따라 마신다.

# 10月

인생의 여운 같은 그 차맛

추석에 가족이 모여 다담을 나누면서
차를 마시는 풍경에는 모가 난 사각상보다 두레정신에
바탕을 둔 보름달 같은 둥근상이 어울린다.

지금은 이세상 사람이 아닌 한상훈님은 징광옹기와 징광차와 「샘이 깊은 물」을 이끈 이로 비교적 이른 시기에 우리 문화를 수면 위로 끌어올리는 데 공헌하셨던 분이다. 우리 집과는 각별히 지냈기 때문에 가을 차맛을 이분 덕에 알게 됐다.

　그는 차맛의 깊이를 알려면 가을 차를 마셔 봐야 한다며 가을에 돋아나는 새순으로 차를 만들어 보내 주곤 했다. 옹기 항아리 가득히 담아 종이끈으로 묶어 직접 가져오기도 했고 남편과의 술자리에서 건네지면 차는 이미 절반으로 줄어든 채 차 항아리가 도착하기도 했다. 남편과 그는 말술을 마다하지 않는 주량과 차를 짜게 마시는 성향이 비슷했다. 남편은 그가 만든 가을차를 무척이나 좋아해서 약주가 과한 아침이면 큰 다관에 손집게로 차를 듬뿍 넣고 펄펄 끓인 물을 부어 진하게 우려 마시고 숙취를 풀었다. 그렇게 차를 진하게 마시다 보면 며칠이 못 가서 찻단지는 동이 나고 남편은 차를 구걸하는

서찰을 보낸다.

보성군 벌교면 징광리, 해발 260m 금화산록의 기운을 먹고 자란 그때 그 10월의 차맛은 깊고 그윽하고 담박했다. 그 맛에는 차인의 우정이 담겨 있었고 의리가 있었고 경상도 남자와 전라도 남자의 풍류와 멋도 있었다. 그 차맛은 아주 오랫동안 남을 인생의 여운 같은 것이었다.


## 수확의 기쁨, 찻잔에 담다


10월은 수확의 기쁨을 즐기는 달이다. 때로는 추석이 끼어 가족 친지가 모여 햅쌀로 빚은 송편과 햇과일로 차례상을 차리고 차 한 잔을 올리면서 조상님께 고하는 차례를 모신다. 옛 사람들이 추석날 반드시 차례를 모셨던 것은 아니다. 안동에 있는 하회류씨 유성룡 종가에서는 9월 9일 중양절 날 차례를 모셨다. 조상이 남긴 땅에서 수확한 것들을 올려야 참다운 천신제가 될 수 있다는 뜻을 담아 중구절에 차례를 모셨던 것이다.

추석에 가족이 모여 다담을 나누면서 차를 마시는 풍경에는 모가 난 사각상보다 두레정신에 바탕을 둔 보름달 같은 둥근상이 어울린다.

진갈색 보를 깔고 부들로 만든 개인용 사각 매트를 놓았다. 재령이씨 사정공파

종손 이형식씨의 솜씨로 빚어진 감잎접시에 솔잎을 깔고 송편을 넉넉히 놓아 '더도 말고 덜도 말고 오늘만 같아라'고 좋아했던 추석의 풍성함을 담았다. 접시 둘레엔 좁쌀처럼 작은 찻잔을 장식처럼 둘러놓아 '좁쌀 한쪽도 나누면 복이 온다'는 우리의 속담처럼 차를 나눠 마실 수 있게 했다. 그리고 그 찻잔은 돌아갈 때 선물로 가져가게 한다.

## 찻잔을 선물하다

양산 통도사 서운암 주지 성파 스님이 80년대 초 통도사 주지로 계실 때 만든 황토색의 찻잔이 가을 찻자리를 장식하는 우리 집 가보이듯, 찻잔은 좋은 선물이 된다. 우리 집에는 가족들의 특별한 날에 찻잔을 선물하는 풍습이 자리 잡고 있다. 손녀의 백일날, 돌날, 생일날 등에 차기를 선물했는데 그 아이가 커서 할머니가 선물한 차기로 차를 달여 마신다면 그것만으로도 그릇의 가치는 살아 있고 차 생활은 의미 있을 것이다.

10월의 찻자리는 스님들의 발우 같은 오래된 나무 그릇을 다식그릇으로 사용했다. 머리를 맑히는 국화차와 명절 음식의 느끼함을 쫓아 주는 황차도 준비했다. 차 송편과 연뿌리 가루차 튀김을 다식으로 내 놓았다.

**재료** 멥쌀가루 6컵, 가루차 2작은술, 풋콩 1컵, 볶은 참깨 1/2컵, 솔잎 적당량, 설탕 5큰술, 소금·참기름 약간

**조리법** 01 소금 간한 멥쌀가루를 반으로 나눠 하얀 가루는 그대로 쓰고 반은 가루차를 섞어 체에 내린 다음 각각 익반죽한다. 02 풋콩은 씻은 뒤 소금을 넣어 간해 둔다. 03 참깨 1/2컵에 설탕 5큰술과 소금을 넣는다. 04 솔잎은 씻어서 물기를 털고 건진다. 05 반죽을 밤톨만큼씩 떼어 둥글게 빚은 뒤 엄지손가락으로 구멍을 돌려 판 다음 준비한 풋콩과 참깨 소를 넣는다. 06 소를 넣은 반죽은 끝을 잘 아물러 붙여 조개 모양으로 빚은 뒤 베 보자기를 덮어 두었다가 시루에 솔잎과 떡을 켜켜이 안치고 30분간 찐다. 07 쪄낸 송편은 찬물에 잠깐 담갔다가 참기름을 바른다.

## 청차 靑茶

중국을 여행하면 가장 많이 맛볼 수 있는 차가 바로 청차이다. 찻잎이 15~65 퍼센트 정도 발효된 것으로 차색은 녹색에 가까운가 하면 황차보다 더 붉은 색이 나타나기도 한다.

청차는 생잎을 따서 그늘에서 시들기를 한 뒤 솥에서 덖고 비벼 말리는 다소 복잡한 제다과정을 거치는데 찻잎이 시들면서 과일향과 꽃향기가 일어나기 때문 에 미묘한 차향과 청량한 차맛의 매력이 있다.

청차를 두고 오룡차烏龍茶 또는 중국식 발음으로 우롱차라 한다. 우롱차라는 이 름은 산지의 지명에서 따왔다는 설과 차나무 품종에서 비롯됐다는 설, 그리고 중 국 송대에 제조된 용 무늬가 새겨진 용봉단차龍鳳團茶가 잎차로 바뀌면서 찻잎의 모양이 까마귀와 같이 검고 용처럼 구부러져 있다 하여 붙여졌다는 설로 다양하 다. 중국 청나라 때 책 『다설茶說』에 푸젠성 우이산의 특산품으로 소개된 기록이 남아 있다.

중국 푸젠성 우이산 일대에서 생산되는 대홍포大紅袍와 안계 일대에서 생산되 는 철관음鐵觀音, 광둥성 지역의 봉황수선鳳凰水仙 등이 유명하다.

대만 지역에서 생산되는 동정오룡차東頂烏龍茶, 고산오룡高山烏龍 목책철관음木柵鐵 觀音도 있고, 발효 정도가 15~20퍼센트로 아주 낮아 차색이 녹차에 가까운 문산 포종文山包種과 동방미인東方美人 등도 있다. 우리나라에서도 청차를 만들고 있다.

## 청차 맛있게 우리기

청차의 향기를 충분히 내려면 중국 이싱宜興에서 생산되는 붉은색 자사호가 좋다.
작은 자사 다관에 1/3 정도의 차를 넣고 뜨거운 물을 넘쳐나도록 부어 한 번 헹궈
낸 다음 다시 뜨거운 물을 붓고 뚜껑을 닫은 뒤 찻주전자 위에 또다시 뜨거운 물을
한 번 끼얹은 다음 30초에서 1분 사이에 찻잔에 따른다.
일반적인 찻잔보다 길고 좁은 형태의 향기 잔에 먼저 따르고 나서 찻잔에 옮기면
향기와 맛이 배가 된다.

# 11月

이성지합, 혼례 찻상

마침내 아들의 혼례상에 차를 올리게 됐다.
건강한 삶을 누리기를 기원하는 마음으로 정성 다해 꾸민
찻자리를 아들 며느리에게 선물했다.

고려시대 왕실에 차를 공납하는 다소촌(茶所村)이 있었던 경남 양산 통도사 주변 마을에 차농요가 전래되어 온다. 차가 혼례 때에 쓰였음을 보여 주는 내용이다.

영축산록 자장 골에 / 자장율사 따라왔던
자장암의 청개구리 / 차씨 한 알 토해 주소
우리 딸년 시집갈 때 / 봉채 짐에 넣어 주어
떡판 같은 아들 낳게 / 비나이다 비나이다
그 문중에 꽃이 되고 / 이 가정에 복을 주소
점제하려 비옵니다

우리의 전통 혼인례에서는 혼담이 결정되면 신랑 집에서 사주단자를 보내고 신부 집에서는 신랑 신부의 사주에 맞춰 택일을 한다. 그다음에는 예물을 신부 집에 보내는데 이를 '함 보낸다' 또는 '봉채 보낸다'고 했다. 봉채封彩라는 말은 본래 봉차奉茶가 변한 것이라 했다. 이 봉채함에 넣어 보내는 차씨는 일부종사라는 뜻을 담고 있다.

곧게 뻗어 내리는 차나무는 옮겨 심으면 살기 힘든 특성을 지니고 있다. 뿐만 아니라 설한풍에도 변하지 않는 푸른 잎새를 자랑해 여자들의 정절에 곧잘 비유되기도 했다. 전남 광양군 시물내 연습리에 전래되어 온 '우물가에 물푸레나무, 절개 깊은 차나무'라는 민요도 차나무의 상징적 의미를 보여 준다.

전국의 종갓집 120여 집을 취재하면서 사람의 일생에서 치러야 할 통과의례인 관혼상제의 참뜻을 깊이 새겼던 나는 마침내 그 배움의 결실로 아들의 혼례상에 차를 올리게 됐다. 사철 푸른 찻잎처럼, 맑고 향기로운 한 잔의 차처럼 건강한 삶을 누리기를 기원하는 마음으로 정성 다해 꾸민 찻자리를 아들 며느리에게 선물했다.

귀한 시간 내 주신 하객들에게 따뜻한 황차 한 잔을 대접하기 위해 조촐한 찻자리를 꾸몄다. 신랑 신부가 주례 앞에서 백년가약을 맹세하는 자리에 합환차를 내렸다. 이에 앞서 함에 차 봉지를 넣어 폐백 다례를 다례답게 행하였다. 또한 신혼여행을 다녀온 며느리를 맞이하는 자리에 찻상을 차렸다. 조촐한 다과상을 차려 가족이나 이웃, 자신에게 "차 한 잔 하시겠어요?"라고 말할 수 있는 여유로운 삶이 되었으면 하는 마음을 담았다.

깊어가는 가을, 짝을 찾아 가정을 이루는 모든 이들의 따스한 마음처럼 차인들의 가정에도 따뜻한 차향이 깃들기를 기원하면서 혼례에 차렸던 찻상을 소개한다.


## 귀한 분 맞이하는 황차


혼례식장은 다행히 여유로운 시간이 할애되는 곳이어서 찻자리를 펼칠 수 있었다. 그곳은 호텔처럼 고급스럽거나 화려한 곳이 아니었다. 시간에 쫓겨 벼락치기 예식을 올려야 하는 대중 식장도 아니었다. 회의와 교육장으로 사용되는 공간을 사원들의 복지 차원으로 토요일과 일요일에 하루 두 쌍 정도 혼례장으로 사용할 수 있도록 한 CJ인재원이었다.

남산 기슭에 자리한 인재원은 깔끔한 현대식 건물로 한적한 공간이었다. 로비는 마침 커피 등 차를 마실 수 있는 공간으로 꾸며져 있었다. 그러나 딱딱한 대리석이어서 그 위를 양陽을 나타내는 적색赤色과 음陰을 상징하는 청색靑色의 모본단 천으로 가려 음양의 조화로움을 상징했다. 백동으로 만든 나무 모형에 푸른 소나무를 꽂은 다음 복주머니, 향낭, 박쥐 등 다양한 수 노리개를 달아 전통의 향훈을 담아 냈다. 도자기로 만든 원앙 모양의 화기 세 쌍에

아들 며느리가 맑고 향기로운 한 잔의 차처럼
건강한 삶을 누리기를 기원하며,
결혼식 날 손님들에게 대접할 차를 준비하다.

는 맨드라미, 천일홍 등 우리 꽃으로 키 낮은 꽃꽂이를 했다. 청색과 적색의 촛불도 유리잔에 담아 새로운 가정을 꾸리는 희망의 빛으로 삼았다. 황차, 수미차, 녹차를 유리 다관에 담아 차를 마실 수 있는 공간임을 나타냈다. 미리 찍어 둔 웨딩 사진을 사이사이에 장식해 이날의 주인공 모습도 미리 볼 수 있게 했다.

차는 따뜻한 색이 고운 우리나라 황차와 구수한 둥굴레차를 섞어 대중적인 입맛에 맞추었다. 문제는 컵이었다. 도자기 컵은 마시는 사람들에게 오히려 부담이 될 것 같았고 종이컵은 차맛을 해쳤다. 이것저것 검토한 뒤 차색을 볼 수 있는 투명한 플라스틱 컵에 장수와 길복을 뜻하는 십장생 민화를 한국식환경디자인협회 김민지씨의 도움으로 코팅을 한 뒤 수작업으로 일일이 컵에 붙였다. 잔치 음식이 아닌 찻자리 마련하는 일로 집안이 왁자했다.

차를 달여서 수백 명의 하객들에게 일일이 접대하는 수고는 우리 차문화원 회원들이 있었기에 가능했다. 이날 떡 대접을 할 수 없었던 점이 아쉬움으로 남았다. 신종플루 때문에 음식 반입은 허락되지 않았기 때문이다.

## 아름다운 동행 '合歡茶'

잔칫날 이른 아침, 아들은 양복을 단정히 입고 신주단지 앞에 차 한 잔을 놓고 두 번 절하여 조상님께 고했다. 그런 다음 아버지의 교훈을 듣고 떳떳한 장부로서 지아비의 역할을 다할 것을 서약하는 절을 올리면서 서부모례[■]

父母禮를 간단히 행하였다.

예식장의 의례에서는 혼인 서약을 마친 뒤 주례께서 신랑 신부에게 녹차 한 잔을 내렸다. 수모가 백자 헌다 잔에 녹차를 우려 담아 주례에게 주면 주례인 성균관 관장 최근덕 선생님이 찻잔의 뚜껑을 열어 신랑에게 전했다. 신랑은 두 모금 차를 마신 다음 남은 차를 신부에게 주어 마시도록 했다. 전통 혼례의 합환주처럼 합환차를 마신 것이다. 차 한 잔으로 아름다운 동행을 언약한 셈이었다.

주례는 곧게 뻗은 차나무 뿌리처럼 일편단심 서로를 사랑하며 차의 쓰고·달고·짜고·맵고·떫은 다섯 가지 맛을 인생의 고난에 비유하며, 그 어떤 어려움도 굳건히 헤쳐 나갈 것을 차 한 잔으로 다짐시켰다. 인류 최초의 조상인 나반과 아만이 정화수를 떠 놓고 혼례식을 올렸듯이 하늘·신선·사람·신 모두가 애지중지하는 차를 마시면서 하늘이 맺어 준 인연에 감사함을 표했다. 하객들도 엄숙한 선서식에 갈채를 보냈다.

## 폐백다례

청단과 홍단으로 짝을 이룬 채단采緞과 채단을 넣는 함도 정성스레 준비했다. 채단을 종이에 싸서 묶을 때는 신랑과 신부의 마음을 하나로 연결한다는 뜻에서 동심결同心結로 매듭을 맺었다. 그리고 함 바닥에는 오방색 주머니를 넣었다. 그중 노랑 주머니 속에 차를 넣었다. 차나무가 자라는 경상도에서는 이를 납차納茶 또는 봉차奉茶라 했고 이후 봉채奉彩라는 말로 정착했다. 하지만 서울 지역에서는 남자 측에서 여자 집으로 예물을 보내는 절차라는 뜻으로 납폐納幣라고 했다. 예물을 보내는 건 "선비는 예가 아니면 움직이지 않

는다. 여자선비女士도 예가 아니면 움직일 수 없다"는 예서의 풍속이 아직도 혼례 순서에 남아 있기 때문이다. 함 속에는 붉은색 옥가락지 한 쌍과 은가락지 한 쌍, 매미 노리개와 은장도 노리개를 넣었다. 함을 붉은 보에 싸서 묶은 후 근봉謹封이라 쓴 봉합지를 끼우고 함을 보내기 전에 차 한 잔을 준비해 향을 피워 조상님께 김씨 가문 장손이 예물을 들고 장가를 간다는 의식을 치렀다. 비록 사당은 없지만 앞으로 조상의 제사를 모실 장손이기 때문이다.

신부는 함에 들어 있는 차를 폐백음식과 함께 가지고 와서 그 차를 우려 시댁 가족에게 술 대신 올렸다. 이렇게 차로 폐백다례를 행하니 술을 마시지 못하는 사람도 새 가족이 올리는 차를 받아 마시게 됐고, '다복하라'는 덕담을 내릴 수 있어 좋았다고 했다.


## 신부연석

신혼여행 뒤 친정에 들렀다가 시집으로 오는 며느리를 맞이하기 위해 또

신부연석

한 차례 집안은 분주했다. 전통혼례에서는 신부연석新婦宴席이라 하여 아들 딸 많이 낳고 다복한 집안을 꾸려 주기를 바라는 마음으로 갖가지 음식을 장만해 큰상을 내렸다. 사람이 태어나 큰상 세 번을 다 받으면 복 많은 일생이었다고 하는데, 혼인 때 시부모와 처갓집에서 받은 큰상이 부모님에게 받는 돌상, 회갑때 자녀들이 차려 주는 큰상과 더불어 그중 하나이다.

내가 만난 종가댁 종부들은 대부분 큰상 받았던 추억을 내게 말해 주었다. 당시만 해도 흔히 맛볼 수 없는 전복삼이나 신선로 등 귀한 음식은 물론 꽃떡과 높이 괴인 과일과 유밀과 등 화려한 큰상을 받았다고 했다. 신부가 받은 큰상의 음식은 모두 친정으로 보내진다. 시댁의 음식 솜씨와 경제력을 자랑하는 거다. 마찬가지로 사위에게 차려 준 큰상의 음식도 시댁으로 보냈다.

먹을거리 귀하던 시절 잔치 구경은 바로 맛있는 음식을 배불리 먹을 수 있

는 기회였다. 하지만 먹는 걱정 없는 지금에는 굳이 음식상을 차릴 필요가 있겠나 싶다. 퇴계 종가 17대 종부 맞이 큰상 차림에서 며느리에게 조촐한 교자 상을 차려 내는 모습이 귀하게 보였다.

  순백의 신부를 상징하는 백지 병풍을 둘러치고 그 앞으로 사각상을 놓고 하얀 찻상보를 깔았다. 적색과 홍색의 러너에는 한 쌍의 화조 민화를 프린트해 화사함을 더했는데 이는 공주대학교 장영주씨가 디자인했다. 백자 병에 소나무와 대나무를 꽂고 가지 끝에는 자손번창을 상징하는 청색 고기 한 마리와 모란 수가 놓인 적색 바늘집을 매달아 건강과 만복을 기원했다.

  놋으로 만든 원앙 촛대에 청생과 홍색의 초를 꽂아 희망을 상징했다. 옛적 왕가에서처럼 먹음직한 두텁떡과 삼색으로 물들인 떡 케이크를 시루에 쪄서 놋접시에 그대로 올렸다. 삼색 송편과 차 율란, 차 강정도 집에서 만들었다. 형형색색의 아름다운 유밀과 등을 놓아 귀하고 맛있고 아름다운 음식과 차를 마실 수 있는 일생이 되기를 기원했다. 신부 앞으로 놓인 새하얀 찻잔 안에 담겨진 녹차는 시어머니가 시집 오느라 고생한 며느리를 치하하며 내리는 차다.

재령이씨 종가의 사당차례 풍경.

## 사당차례

전통혼례에서는 시어른을 뵙는 현구고례見舅姑禮를 마치고 하룻밤을 묵은 뒤 다음 날 아침 조상의 신주를 모신 사당에서 사당차례를 행한다. 하지만 사당이 없는 우리 집은 제사 모실 때처럼 지방을 써서 조상을 모시고 며느리가 친정에서 준비해 온 음식을 차려 놓고 할아버지 할머니 앞으로 각각 차 한 잔을 올려 사당차례를 행하였다. 남편은 제복을 입고 분향 강신 후 고유告由 (중대한 행사를 치른 뒤 그 내용을 사당에게 고하는 일) 축문을 읽었다.

"조상님께 고하옵니다. 금이효현손 대성지가 치윤 군이 전주후인 이원 씨의 여식 은정 양과 혼인함으로써 저의 집안을 더욱 든든히 하였습니다. 이에 조촐한 음식과 차 한 잔으로 첫 인사를 삼가 고하나이다."

축문이 끝나자 미나리 접시를 들고 서 있던 며느리는 시누이의 부축을 받으며 큰절 네 번을 했다. 다시 미나리 접시를 받들어 제상에 올리고 또다시

네 번 절했다. 미나리는 사철 푸른 나물로 변하지 않을 신부의 마음을 나타
내는 것이다. 신을 보내 드리는 작별인사 사신[辭神] 때는 신부를 비롯해 참석
자 모두 절을 하고 지방과 축문을 불태우는 것으로 의례를 마쳤다. 며느리는
시댁 울타리 안으로 들어오는 전 과정의 의례를 차로써 행하였고 이로써 김
씨 가문에 또 하나의 주춧돌이 되었다.

## 인화를 다지는 다담상

두레상을 준비했다. '천시[天時]가 지리[地利]만 못하고, 지리가 인화[人和]만 못하
다'는 맹자의 말을 빌리지 않더라도 새로운 가족이 들어오면 무엇보다 인화
가 제일이라는 뜻으로 두레상을 차렸다.

비단으로 만든 자색 매트를 깔고 차와 다식과 저분을 올렸다. 다식은 신부
찻상에 올랐던 음식을 나눠 담은 것이다. 둥근 옹기 화기는 가을
꽃으로 장식했다. 청색과 홍색의 초에 불을 밝혔다. 이 자리에
시부모는 동석하지 않고 같은 항렬인 동서나 시누이들이 함께
해 시집 와서 어색한 새사람의 마음을 다독여 준다.

나는 평생 산처럼 높고 바다처럼 깊은
차의 세계에서 청복을 누리는 삶을
살았던 것으로 자부한다. 형식의

다도가 아니라 자유로운 다도의 길을 걸으면서 흥이 나면 흥에 겨워 차를 마셨고 외로우면 외로운 대로 차를 마셨다. 그럴 때마다 차는 언제나 정직한 맛을 전해 주었고 마음의 평화를 가져다 주었고 침묵의 벗이 되기도 했다.

내 삶이 그러했듯이 내 아들과 며느리도 차를 마실 수 있는 여유로운 삶을 사는 사람이 되기를 기원하는 마음이 크다. 배 부른 음식보다 정신적으로 풍요로운 문화를 즐기는 삶이 되기를 바라는 마음이다.

혼례의 모든 의례를 차로 행한 아들은 나의 뱃속에 있을 때부터 차를 마셨다. 그래서인지 세 살 때부터 차를 좋아했다. 돌아가신 통도사 극락암의 경봉 스님이 주신 얼굴만 한 찻잔으로 차를 마셨던 아들의 사진이 30년째 거실에 놓여 있다. 그 때문인지 차로 혼례를 치르자는 나의 제안을 흔쾌히 받아들였고 혼례상에 차가 주인공이 될 수 있었다.

# 홍차 紅茶

홍차는 찻잎의 발효가 85퍼센트 이상으로 완전 발효차에 속한다. 찻잎에 있는 폴리페놀의 산화 정도가 가장 높은 차로 떫은맛이 강하고 차색이 등홍색으로, 세계 차 소비량의 75퍼센트를 차지한다.

채취한 찻잎의 수분이 50퍼센트가량 날아갈 정도로 그늘에서 시들린 다음 손으로 비벼서 찻잎의 표면을 비롯한 세포 조직을 파괴한다. 이는 찻잎의 발효를 촉진시키는 방법이기도 하고 찻잎의 형태를 만드는 과정이기도 하다. 시들리기와 비비기는 차색과 향기와 맛에 큰 영향을 주기 때문에 신중히 한다. 비비기를 마친 찻잎은 4~5센티미터 정도 쌓아서 섭씨 25도 정도의 온도와 90퍼센트 정도

의 습도에서 빨갛게 산화발효시킨다. 마지막으로 열풍에 재빨리 말려 수분을 완전히 제거하면 홍차가 완성된다. 요즘 홍차는 대부분 기계로 만든다.

중국의 안후이성에서 생산되는 기문祁門, 인도의 다즐링 지역에서 생산되는 다즐링 dazzeling, 스리랑카의 중부 산악지대인 우바에서 생산되는 우바uva 홍차가 세계 3대 명차로 꼽힌다. 인도 아셈 고원에서 생산되

는 아셈 홍차, 인도 남부 고원지대에서 재배되는 닐기리와 스리랑카 실론 섬에서 생산되는 실론티 등도 유명하다. 실론티와 인도차를 섞은 잉글리시 블랙퍼스트, 홍차에 베르가못 향료를 가미한 얼그레이, 레몬이나 사과, 딸기 향을 가미한 과일 홍차 등도 있다.

일찍이 우리나라에서도 홍차를 생산했다. 일제강점기에서 1950년대까지 홍차는 마시는 차로서의 역할보다 양은 냄비나 옷감을 염색하는 물감으로 쓰이곤 했다.

### 홍차 맛있게 우리기

홍차는 색·향·미의 삼박자가 어우러져야 한다. 우려진 차색이 밝고 투명해야 하며 홍색이거나 등황색이어야 하며 입안에 머금었을 때 우아한 향과 깊은 맛을 느낄 수 있어야 하고, 마신 다음 뒷맛이 상쾌해야 한다.

먼저 예열해 둔 찻주전자에 고급차의 경우 2g을 넣은 다음 뜨거운 물 100cc를 붓고 2분 정도 우려 낸다.

주의할 것은 물이 식으면 찻잎의 대류對流 작용이 적어 찻잎 속 깊은 맛을 얻을 수 없다는 사실이다. 반드시 찻주전자를 뜨겁게 한 다음 차를 우려야 향기롭고 맛있게 즐길 수 있다. 홍차에 레몬을 더하는 것은 차의 떫은맛을 덜어 주기 때문이고 우유를 첨가하면 부드럽고 고소하다.

{겨.울, 차.를..디.자.인.하.다}

冬

# 12月

따뜻하고, 화사하게

녹차는 생각만으로도 푸릇한 향기가 피어오르고,
붉은색 홍차는 보는 것만으로 훈훈해진다.
진귀한 꽃차는 그 향기만으로도 행복하다.

　겨울 날은 나들이보다 집에서 지내는 시간이 많다. 또한 크리스마스, 송년회 등 모임이 잦기에 술자리 대신 찻자리를 꾸며 본다. 찻자리를 설계하다 보면 차 생활도 디자인에 따라 그 맛이 사뭇 달라짐을 느낄 수 있다. 아침 차, 점심 차, 저녁에 마시는 차에 따라 꾸밈이 달라진다. 누구와 함께, 어디서 어떤 차를 마시는지에 따라 찻그릇도 달라진다. 계절과 환경, 시간대에 따라 다식이 달라지고, 찻자리 분위기를 살리는 꽃꽂이와 음악도 다르다. 차를 마시기 위한 구상과 작업에 따라 차 한 잔의 풍경은 무한대로 변주된다. 그래서 차를 디자인하는 것은 실생활이면서 예술이다.

　이제 단순히 마시는 차가 아니라 찻자리를 디자인하는 시대가 도래했다. 차의 근세사를 새겨 보면, 현대인들의 건강을 돌보는 약용으로서 차의 가치가 수면 위로 떠올랐고 이후 웰빙시대와 함께 차 요리가 개발됐다. 이어 미용과 다이어트 음료로 차는 대중의 사랑을 받았다. 그러다 몇 년 전부터 이야기를 담은 찻자리 꾸밈에 대한 관심이 커지고 있다. 다양한 모습으로 변주되는 찻자리에는 용기문화用器文化(차기), 규범문화規範文化(예절), 관념문화觀念文化(정신)가 함축돼 있다. 차를 사랑하는 한 사람으로서 차의 성장이 반갑고 고마울 따름이다.

청춘을 재촉하긴, 지난해와 한가지라

편지를 전하는 역마보다 빠르네

맑은 술과 좋은 친구가 제일 그리운데

좋은 시구와 향등이 고움을 다투는 듯하네

옆집 노인은 누워서 떡 치는 소리를 듣고

차 끓이던 동자는 화로 옆에서 조네

따뜻한 곳 찾아 늙은 몸을 옮기랴

산방에 걸려 있는 어필을 돌아보네

섣달 그믐밤을 보내면서 차 한 잔으로 아쉬운 마음을 달래는 조선 후기 선비 차인 자하 신위의 시 「임인제석이수壬寅除夕利水」이다. 우리 선조들은 저물어 가는 해를 아쉬워하며 차를 마셨고, 희망찬 새해에는 산 자와 죽은 자가 만나는 소중한 축제다례를 올렸다.

## ❖ 신위가 남긴 또 한 편의 시

내 오두막은 소쇄하게 왕성에 숨어 있고
거느림채 아래 이내 낀 남산이 가로놓였네
돌짝밭 먹물 그릇은 비 올 기미 머금었고
창 앞의 갈대잎은 가을 소리 도와주네
손이 오면 다옥에 외로운 연기 피어나고
공직에서 물러나니 이끼 낀 마당에 두 학이 맞이하네
부드러운 속세에 늙음 쫓는 것을 웃지 마오
깨끗한 벼슬아치의 거동 않은 유생 같구나

신위는 조선시대 다옥의 존재를 그려볼 수 있는 시
「오난설에게 보내는 답시」를 남겼다.

# 송년 찻자리

다탁이 원목일 때는 식탁보 대신 투박해 보이는 재질의 1인용 매트만 펴는 것도 멋스럽다. 이날은 다소 무거운 느낌을 줄 수도 있는 너와 지붕 아래 기초공사로 올리는 얇은 돌 매트를 놓았다. 자연을 실내로 옮겨온 돌상의 느낌이 좋아서다.

매트 위에 차관과 찻잔과 다식접시를 올렸다. 1인용 매트는 개인상을 중시했던 우리 식탁 문화의 일부를 표현한 것이다.

저분 받침은 빨간 열매가 달린 가지를 10센티미터 정도 잘라서 종이노끈으로 끝을 묶었다. 세상에 둘도 없는 개성 만점의 계절감 있는 받침이 된다.

와인잔도 파티 분위기를 내는 데 빠뜨릴 수 없는 아이템이다. 와인잔엔 황차를 따랐다. 붉은 색의 황차는 마치 잘 숙성된 전통주를 닮아 색다른 즐거움을 준다. 찻상 분위기를 살리는 조명도 필요하다. 한 켠에 악귀를 물리치고 희망을 상징하는 붉은색 촛불을 밝혔다. 촛대는 됫박을 이용했다. 우려마신 찌꺼기 차를 담고 그 위에 소금을 뿌려 눈의 느낌도 살렸다. 그 옆으로 솔가지를 꽂아 세한歲寒 전이나 세한 후에도 건강한 삶을 누리자는 뜻을 살렸다.

유리 워머에 불을 밝히고 유리 다관을 올려 우린 황차를 따뜻하게

데우는 연출도 화사하다. 차는 녹차, 홍차, 꽃차 아무거나 좋다. 녹차는 생각만으로도 푸릇한 향기가 피어오르고, 붉은색 홍차는 보는 것만으로 훈훈해진다. 진귀한 꽃차는 그 향기만으로도 행복하다.

## 찻상의 얼굴 '센터피스'

차실이 바로 서재이자 거실이어서 테이블 중앙에 선비문화의 상징성을 띤 『도덕경』이 쓰인 죽책竹冊을 깔았다. 이 죽책은 중국 명나라 말기의 뛰어난 예술가인 현재 동기창玄宰 董基昌(1555~1636)의 글씨로 17년 전 운 좋게 구입한 귀한 물건이다. 차 한 잔 속에 조선시대 선비사상을 강조하고 싶은 마음에서 펼쳐 보았다.

죽책 대신 의미 있는 글귀가 새겨진 한지를 구해 찻상 가운데 포인트를 줘도 좋다. 센터피스로 투박하고 긴 접시를 놓고 접시 위엔 마른 열매가지를 놓아 새해에는 하는 일마다 주렁주렁 수확이 있었으면 하는 소망을 담았다.

열매 위엔 유리 찻잔을 놓아 손님들의 취향에 맞게 차를 마실 수 있도록 했고, 찻상 여백에는 도자기 찻잔과 1인용 진사 차관을 놓고 저분과 다식 접시도 놓아 여럿이 함께 즐기도록 준비한다.

이날 찻자리에는 전통의 소재를 이용했지만 누구라도 각자의 개성에 따라 찻상을 얼마든지 꾸밀 수 있다. 찻상이 없으면 식탁을 이용하면 된다. 사용

차나무가 있었던 소치 차실 앞 연못 운림산방

## ❖ 선비, 그들과 차

신라·고려·조선시대 차 생활을 주도했던 인물들은 대부
분 그 시대를 대표하는 선비들이었다. 때문에 우리 차문
화의 특징에서 선비문화를 알지 못하면 차 이야기는 할
수 없을 것이다. 선비는 자신과 사회를 바르게 하고자 했
던, 삶의 모범이 되는 올곧은 정신의 참 지성인으로 그들
의 단아한 내면세계는 차를 닮았다. 조선 헌종 때 실학자
이규경은 『오주행문장전산고(五洲行文長箋散稿)』에서 선
비의 찻자리를 짐작하게 하는 글을 남겼다.

"…… 첫 새벽에 일어나 옷을 걸치고 평상 위에 앉아 이
를 300번 딱딱 거린 뒤에 꽃에 물을 주고 거문고 소리를
들으면서 학을 감상하며 향을 피우고 차를 달인다."

하던 스카프를 깔아 식탁보로 꾸밀 수도 있고, 주발에 물을 담고 물초 몇 자루와 푸른 찻잎 한두 잎을 띄워도 멋진 센터피스가 된다. 무명 조각을 홈질하면 매트가 되고, 수반에 소금 가득 채워 솔가지와 국화 몇 송이만 꽂아도 연말연시 찻자리에 어울리는 다화가 된다.

잘 수련된 아름다운 행다를 보여 주는 건 개인의 기량이지만 아름다운 찻자리는 모두를 즐겁게 한다. 무엇보다 특별히 배우지 않아도 스스로의 감각으로 공간 연출을 할 수 있다는 점이 찻자리 꾸미기의 매력이라 할 수 있다.

## 茶, 食과 茶食

다식茶食은 차로 만든 음식을 뜻하지 않는다. 잎차 보관이 어려웠던 시대에 찻잎을 절구에 찧은 뒤 지금의 다식판 같은 틀에 찍어 만들었던 덩이차에서 그 이름의 유래를 찾을 수 있다. 조선 영조 때의 실학자 성호 이익은 『성호사설』 「만물문」편에서 다식에 대해 다음과 같이 기록했다.

"쌀과 밀가루를 꿀에다 섞어 뭉쳐서 나무틀 속에 넣고 짓이겨 동그란 과자로 박아 낸다. 그런데 이것을 다식이라고 하는 이유를 아는 이가 없다. 대체 차라는 것은 맨 처음 생겼을 때는 물에 끓여서 먹게 되었으나 『가례』에서는 점다<ruby>點茶</ruby>라 하여 차를 가루로 만들어서 잔 속에 넣고 끓는 물을 부어 차선으로 휘저어 마신다. 지금 제사에 다식을 쓰는 것은 바로 점다를 대신하는 것인데 그 이름만 남아 있고 실물은 다식으로 바뀐 것이다"

찻가루 대신 곡물로 다식을 만들어 올리면서 귀한 차를 대신해 다식이란 이름을 지었던 것이다. 다식은 재료에 따라 이름이 달라진다. 차를 넣으면 차 다식이 되고 송홧가루를 넣으면 송화 다식이 되고, 흑임자를 꿀에 반죽해 다 식판에 찍어 내면 흑임자 다식이 된다.

## 차 버무리떡

품위 있는 찻자리 다식으로 촌스러워 보일 수도 있으나 차 버무리떡은 우리 집에서 소중한 추억의 음식이다. 27년 전 10월 3일 남편을 따라 서울 살림을 시작한 그해 고향의 그리움을 떨쳐내기란 쉬운 일이 아니었다. 게다가 이내 겨울을 맞아 날씨까지 추워지고 연말이 다가오자 더욱 쓸쓸했다. 그런

내 마음을 알아차린 차벗들이 우리 집에 찾아와 크리스마스 파티를 열자고
했다. 방 한가운데 둥근 멍석을 깔아 제법 멋을 낸 뒤 그 멍석 가운데에 버무
리떡을 시루째 두고 촛불을 환하게 밝혔다. 그리고 집에 있는 도마란 도마는
모두 개인 찻상으로 사용하면서 차 한 잔으로 연말을 뜻 있게 보냈던 것이다.

## 차 가래떡 구이

해가 지난 녹차를 물에 불려 한두 번 행궈 내고 방앗간에 가서 멥쌀가루에 넣어 떡볶이 떡으로 뽑아 온다. 쌀이 반 말이면 마른 찻잎 100그램이면 된다. 많이 넣으면 파르스름하고 쌉싸래한 맛이 많이 감돌고, 찻잎이 적으면 색이 희미하고 맛도 덤덤하다. 우려 마신 찻잎을 냉동실에 보관했다가 쓰면 된다. 냉장실에 오래 두면 냄새가 배게 마련인데 이때는 봉지차 몇 개와 함께 따뜻한 물에 얼려 둔 찻잎을 담아 두면 냄새가 없어진다.

가래떡은 촉촉할 때 조청에 찍어 먹으면 향수 어린 차 음식이 된다. 식기 전에 냉동실에 보관했다 필요할 때 녹여서 팬에 기름을 두르고 노릇노릇 굽는다. 뜨거운 물에 살짝 데쳐도 말랑말랑한 게 일품이고 화롯불은 아니어도 구워 먹는 맛이 고소하다.

먹기 좋은 크기로 썰어서 양념한 뱅어포에 돌돌 말아 미나리를 묶어 내는 뱅어포 가래떡도 별미다.

## 삼색 과일 꽂이

찻자리 다식으론 과일이 맞지 않는다고 한다. 맞는 말이다. 과일에는 수분이 있어 마시는 차와 안 어울리는 건 상식이다. 하지만 어떤 상차림이던 과일은 기본이다. 통과의례 음식에도 기본이 과일이다. 어린아이 돌상에도 과일은 있고, 성인식 축하연이나 조상에게 고하는 고유식에도 오른다. 혼례상에도 석류 등을 올려 다산을 의미했고, 수연례 굄 상에도 다양한 과일을 높이 쌓아 자식들의 넉넉한 살림살이를 보여 준다. 특히 제사상에는 홍동백서紅東白西니 조율이시棗栗梨柿로 과일 놓는 순서를 챙겨 가가례家家禮라는 말도 생겨났다.

예절 책『가례』에는 설 차례상에 술 한 잔과 차 한 잔, 과일 한 접시가 전부다. 차와 과일은 귀한 음식들로 신을 영접하는 자리에 올렸다. 다과상茶菓床이란 말을 새겨 봐도 그렇다.

찻자리 상차림에는 과일을 먹기 좋은 크기로 잘라 꽂이에 끼워 두면 좋다. 푸른색 키위와 하얀색 배, 붉은색 방울토마토를 선택한 건 한국음식의 기본인 오방색을 맞추기 위해서다. 물론 동서남북 중앙에 얼쩡거리는 잡귀를 물리치는 뜻도 담겼다. 키위와 배는 소화를 돕고 방울토마토는 성인병에 좋다고 한다.

## 차 가래떡 뱅어포 말이

**재료** 뱅어포 2장, 차 가래떡 300g, 미나리 적당량, 양념장(간장 1큰술, 고추장 2큰술, 물엿 3큰술, 청주 3큰술, 고춧가루 1큰술, 참기름 1큰술, 마늘 2작은술, 설탕 2작은술)

**조리법** 01 팬을 달구어 기름을 두르지 않은 채로 뱅어포를 살짝 구운 뒤 길이는 그대로 두고 5cm 폭으로 잘라 한쪽 면에만 양념장을 바른다. 02 차 가래떡은 5cm 길이로 썰고 미나리는 줄기만 다듬어 살짝 데쳐서 물기를 짠다. 03 뱅어포는 양념 바르지 않은 쪽이 위로 오게 놓은 뒤 한쪽에 차 가래떡을 놓고 돌돌 만다. 04 불을 약하게 한 그릴에서 서서히 구운 뒤 데친 미나리로 보기 좋게 묶는다.

**재료** 현미식빵 6조각, 감자 2개, 달걀 1개, 오이 5cm 길이 한 토막, 당근 3cm 길이 한 토막, 양배추 1장, 식초 1큰술, 설탕 1큰술, 마요네즈 3큰술, 가루차 1작은술, 소금 약간, 후추가루 약간

**조리법** 01 감자는 삶아서 뜨거울 때 으깬 다음 소금과 후추가루로 간을 한다. 02 당근, 오이, 양배추는 다지듯 잘게 썰어 식초, 설탕, 소금을 넣고 잠깐 절였다가 물기를 뺀다. 03 달걀은 삶아서 곱게 다진다. 04 마요네즈에 가루차를 넣어 섞어 둔다. 05 그릇에 준비한 감자, 야채, 달걀을 섞은 뒤 마요네즈를 넣고 함께 섞는다. 06 식빵 가운데에 5를 바르고 김밥처럼 말아서 먹기 좋은 크기로 썬다. 취향에 따라 사과, 배, 밤, 잣 등을 넣으면 맛과 영양이 더해진다.

》》 가루차 샌드위치는 우아한 다식보다 더 인기가 좋다. 찻자리에 지나치게 정갈한 음식보다 때로는 퓨전음식이 어울릴 때도 있다. 이런 다식은 녹차보다 황차나 보이차와 궁합이 맞는다.
》》 방부제 때문에 수입 밀가루로 만든 빵을 은근히 겁내고 있었는데 시중에 쌀 식빵이 선을 보여 반갑다. 밀가루로 만든 식빵보다 촉촉하고 부드럽고 빨리 마르지 않는다.

# 차버무리떡

**재료** 멥쌀 1되, 녹차 50g, 소금 1작은술, 설탕 1/2컵, 밤콩 300g, 늙은 호박 불린 것 100g

**조리법** 01 멥쌀은 4시간 정도 불려서 소금을 넣고 빻는다. 02 녹차는 미지근한 물을 자작하게 붓고 20분 정도 담가 두었다가 2번 정도 찬물에 헹궈 물기를 짠 뒤 소금을 넣고 조물조물 무쳐 놓는다. 03 껍질 깐 밤콩은 헹궈 두고 호박은 물에 헹궈 꼭 짜서 잘게 썰어 설탕 1/4컵을 붓고 버무린다. 04 쌀가루에 설탕 1/4컵, 찻잎, 밤콩, 호박을 넣고 살살 버무린 뒤 시루에 베보자기를 깔고 편편하게 안친 뒤 30분간 찐다.

>> 강릉에 있는 창녕조씨 종가에선 버무리떡을 '씨종지 떡'이라 했다. 봄에 볍씨를 뿌리고 남은 것에다가 봄 쑥과 콩을 넣어 버물버물 쪄서 모심기 때 간식으로 먹었던 소박하기 그지없는 토속음식이다.

# 흑차 黑茶

후발효차로 보이차普洱茶(중국발음은 푸얼차)가 가장 대표적이다. 탕색이 검어서 흑차라고 한다.

생엽을 따서 녹차 형식으로 만든 다음 수분이 완전히 건조되기 전에 쌓아서 곰팡이가 번식하도록 한다. 곰팡이에 의해 발효가 되는 과정을 거쳐서 후발효차라 한다. 보이차라는 이름은 윈난성의 푸얼지구普洱地區에서 따온 것이다. 윈난성은 1,000~2,000년가량 된 고목의 차나무가 있는 곳으로 세계 학자들은 이곳을 원산지로 보고 있다. 이 지역이 보이라는 이름을 갖게 된 것은 원나라[1271~1368]가 이곳을 지배할 때 보일부步日部를 설립한 이후부터이다. 보일부가 바로 보이부가 된 것인데, 이곳이 윈난성 스마오 시샹반나 지역에서 생산한 차를 티베트나 신장성 칭하이 등 육식을 많이 하는 중국 서부 지역으로 운송하기 위해 지나가야 했던 길목이기도 하여 차 시장도 형성되었다.

보이차는 명나라 말기부터 널리 알려졌는데 청나라 때는 황실에 진상되는 차로 선정되기도 했다. 보이차는 윈난 지역의 대엽종이나 쓰촨 지방의 중엽종으로 만든다. 솥에서 생잎의 효소를 파괴시킨 뒤 비비기를 하는 녹차기법으로 만든 다음 다시 물을 뿌려 쌓아 두면 발효가 일어난다. 발효과정에서 생긴 곰팡이균이 어떻게 변화하느냐에 따라 보이차 맛이 결정된다고 한다. 발효된 찻잎은 둥글거나 사각이 진 일정한 모양의 틀에 넣고 압착한다. 그래서 타차, 전차, 인두차 등 모양에 따라 이름이 달라진다.

잘 숙성된 보이차 맛은 찻잎의 강한 쓴맛은 없고 목에서 돌아나오는 향취가 달콤하다. 오래 숙성시킬수록 가격이 비싸다.

보이현 주변의 소주민족들에게는 여자아이가 태어나면 차를 만들어 땅속 깊은 곳에 숙성 시켰다가 그 아이가 커서 시집을 가면 혼수품으로 보내는 풍습이 아직 남아 있다고 한다. 약을 구할 수 없는 오지에서 차는 상비약이었고 그래서 귀했다. 할아버지가 젊어서 만든 차를 손자가 먹어야 제 맛이라는 말이 있다. 이렇게 자연스러운 발효를 건창법乾倉法이라 한다.

중국에서 수입한 보이차를 내놓으며 50년 혹은 100년 된 차라고 예사롭게 말하는 곳이 있다. 그 정도 차는 중국에서도 박물관에 보관할 만큼 만나기가 어렵다는 것이 현지 사람들의 설명이다. 전통의 방법대로 만든 보이차는 그 약성이 뛰어나 세계적인 차 상인들이 진품을 구하기 위해 지금도 혈안인 것만은 틀림없다.

약삭빠른 차 제조업자들은 오래된 보이차처럼 보이기 위해 1973년, 인공으로 차를 숙성시키는 방법을 개발해 냈다. 찻잎을 따서 물을 섞어 실내에 쌓아 일주일씩 발효시켜 만드는 방식으로 이것을 습창법濕倉法 보이차라 한다. 급조해 만든 차는 맛이 탁하다. 차의 모양과 우려 둔 차색만 보이차가 되는 것이다. 전통대로 만든다면 최소한 20년은 자연스럽게 숙성을 시켜야 진품의 보이차가 된다고 한다.

체내의 기름기 제거 효과도 있어 기름기 많은 광둥 요리를 먹을 때 함께 마시는 차가 바로 보이차다.

## 보이차 맛있게 우리기

보이차 3g을 찻주전자에 넣고 뜨거운 물로 한 번 헹궈 낸 다음 다시 뜨거운 물 150cc를 붓고 5분 정도 우려서 찻잔에 나누어 따른다.

# 1月

## 설은 차가 있어 설이다

경남 사천군 다솔사 주변에 있는 김해김씨 삼현파 종가는 5대째 차로 차례를 모시고 있었다. 설, 추석 때만이 아니라 기제사에도 숭늉 대신 차를 올렸고 시제 때도 차를 올렸다.

차의 다섯 가지 이름 설<sup>藙</sup>·차<sup>茶</sup>·가<sup>檟</sup>·명<sup>茗</sup>·천<sup>荈</sup> 중에 설은 차로써 설을 쇘기 때문에 유래했다는 기원설이 있다. 차의 고향 중국 쓰촨성에서는 차를 설이라 부른다. 그 기원을 꼭 차에서 찾지 않더라도 설에는 조상님께 해가 바뀌었음을 알리는 차례를 모실 때 차 한 잔을 올리고 가족이 모여 한 해의 무사함을 바라는 덕담을 나눈다.

경남 사천군 다솔사 주변에 있는 김해김씨 삼현파 종가는 5대째 차로 차례를 모시고 있었다. 설, 추석 때만이 아니라 기제사에도 숭늉 대신 차를 올렸고 시제 때도 차를 올렸다. 종손은 제사에 차를 올리는 건 시조 할아버지 수로왕 때부터라 했다. 『삼국유사』 「가락국기」조에 서기 661년에 삼국을 통일한 법민왕이 왕명을 내려 수로왕의 아들 거등왕부터 9대손인 구형왕까지 신위를 모시고 해마다 밥과 식혜, 과일과 떡, 차 등 여섯 가지 제물을 올리고 제례를 이어가도록 했던 기록이 있기 때문이다.

## ❖ 제례에 차를 올리다

『삼국유사』「가락국기」에는, 661년 신라 30대 법민왕이 칙서를 내려 '외갓집 가락국 시조 할아버지 수로왕 제례를 다시 모시되 제수품으로 차를 올리라'고 했다는 내용이 있다. 일자는 1월 3일, 1월 7일, 5월 5일, 8월 5일, 8월 15일로 설차례는 물론 단오와 추석까지 3대 명절에 차례를 지내도록 했다. 제물은 차·떡·밥·술·과일 식혜 등 여섯 가지다. 조상의 차례상에 차가 올랐으니 제관들은 음복차를 마셨을 것이다.

수로왕릉이 있는 김해는 차나무가 자랄 수 있는 기후 조건을 갖춘 곳이기도 했다. 특히 수로왕비 허황옥이 인도에서 시집 올 때 차씨를 가져와 김해의 백월산에 심었다는 기록이 이능화李能和가 쓴 『조선불교 통사』에 남아 있다. 고려 충렬왕이 김해 인근에 있는 금강곡을 지나다가 차나무를 보고 '장군차'라고 했다는 전적도 보인다. 이 때문에 김해김씨 후손이라면 제사에 반드시 차를 올려야 한다는 게 종가 사람들의 주장이다.

## 혼자 받는 찻상

정월의 상차림 때는 조상의 차례상에 올렸던 차를 음복하는 찻상과 명절날 찾아온 손님들에게 내는 각상을 모두 차려야 품격을 갖추는 일이 되었다. 각상을 차릴 때는 남동여서의 예법에 따라 동서로 상을 놓는다. 명절 찻상에는 전통의 우리 과자 다식이 어울린다. 한복 천으로 만든 작은 보자기는 냅킨으로 사용할 수 있도록 했다.

각상의 모습은 조선시대 기로연耆老宴 등 연회도에서 볼 수 있다. 480년 전에 그려져 보물로 지정된 『화산양로연회도花山養老筵會圖』는 농암 이현보가 부모님을 즐겁게 해 드리기 위해 색동옷을 입고 춤을 추는 장면과 초대한 어른들의 상차림이 모두 각상이었음을 보여 준다. 이런 전통은 종갓집에 아직도 남아 사랑방 손님에게는 외상을 차려 낸다.

## 태양 떡국

차를 마시다 출출할 때는 차 떡국과 물김치를 올리면 간단한 요기가 된다. 유효기간이 지난 찻잎을 물에 불려 방앗간에 쌀과 함께 가지고 가면 가래떡을 뽑아 준다. 쌀로 만든 떡국보다 쫄깃한 맛이 좋고 우려 마셔서는 섭취할 수 없는 섬유질 같은 차 성분까지 먹을 수 있어 몸에도 좋고 소화도 잘 된다.

설날 떡국은 가래떡을 어슷썰기하지 말고 태양을 닮은 둥근 모양으로 썰어야 한다. 그래야만 나이를 한 살 먹기 때문이란다. 대구에 있는 경주최씨

최홍원 종가에서 떡국 떡을 이렇게 썰었다. 노 종부는 설 차례상엔 해를 닮은 둥근 떡국을 올려야 새해맞이 떡국이라 할 수 있다 했다.

『동국세시기東國歲時記』에는 "멥쌀 떡을 잘 주물러서 흰 떡가래를 만들고 굳기를 기다렸다가 돈짝처럼 썰어 끓이고 꿩고기와 후춧가루로 조미하여 세찬으로 삼는다"고 하여 옛적부터 조상을 대접하는 설 차례상에 오르는 떡국은 둥근 모양 태양 떡국이었던 것을 알 수 있다.

## 대추 정과, 모과 정과

요즘 찻자리에 가 보면 먹기 좋은 크기로 썰어 말린 대추가 다식으로 나오는 게 유행이다. 한 알만 물고 있어도 신선이 된다는 효능을 가진 대추지만 그냥 먹기에 입맛 당기는 열매는 아니어서 대추를 바삭바삭 씹히도록 말려 설탕을 뿌려 과자같이 먹기 좋게 한 아이디어가 돋보인다. 하지만 지나치게 딱딱한 게 흠이다. 부드럽고 달콤한 대추 정과를 만들어 보면 어떨까?

대추를 씻어 씨를 발라내고 대추 비율만큼 꿀을 부어 재워 둔다. 열흘쯤 지나면 대추에

단맛이 생기고 수분이 시럽으로 빠져 나오는데 시럽은 뜨거운 물에 타서 차로 마시고 대추는 불에 살짝 졸여 통깨를 뿌려 다식으로 먹는다.

안동에 있는 의성김씨 학봉종가에서는 제사상에 모과 정과를 올리는 게 가문의 관습이다. 네모나게 썬 모과에 물을 붓고 30분 정도 삶다가 설탕을 넉넉히 넣고 은근하게 졸인 모과 정과는 단단하지 않았고 쓴맛도 없었다.

이때 맛본 모과 정과를 잊지 못해 손수 담근 모과차 건더기를 버릴까 하다가 모과시럽을 붓고 은근한 불에 졸여 모과 정과를 해 먹었다. 섬유질 덩어리인 찌꺼기를 재활용할 수 있어 건강에도 이로운 별미 다식이 됐다. 다소 생소할 수 있는 모과 정과는 궁중 음식이기도 해 못생긴 모과가 과일 망신시킨다는 말이 무색하다.

## 차엿, 생강엿, 오미자엿

50여 년 전만 해도 가문의 법도를 중히 여기는 집에서는 정월 초 3일까지 여자들은 집밖 출입도 삼가야 했다. 세배를 가도 5일 이후여야 했다. 그날을 기다렸다가 때때옷으로 한껏 모양을 내고 어머니 손을 잡고 외갓집에 세배를 가면 할머니는 세뱃돈이 아니라 곱게 수놓은 주머니에 엿을 담아 준다. 그 당시만 해도 내력 있는 집안에서는 아이들에게 돈을 준다는 것을 상스럽게 여겼기 때문이기도 했지만 돈을 줘도 엿보다 더 맛있는 과자를 살 수 없기 때문이다.

향수를 불러일으키는 엿을 새해맞이 찻자리에 다식으로 올렸다. 새해 소망 모두 엿처럼 달콤하게, 하는 일마다 착착 이루어지기를 기원했다. 무엇보다 엿은 자연식이다. 엿기름으로 지에밥을 삭인 뒤 졸인다. 녹차 우린 물로 만든 녹차 엿, 생강 우린 물이 들어간 생강엿, 호박 삶은 물로 졸인 호박엿 등 다양하게 구입이 가능하다.

엿은 두뇌 활동에 도움을 줘 옛 선비들이 과거시험을 보러 한양 길을 나설 때 반드시 괴나리봇짐 한편에는 엿이나 조청 단지가 들어 있었다. 이런 연유로 지금도 수험생들에게 엿을 선물한다.

## 솔방울 차 강정

솔방울 모양으로 만든 강정이라 하여 '차 솔방울 강정'이란 작명을 했다. 조청에다 설탕을 같은 비율로 넣어 설탕이 녹을 정도만 끓여 소금 간을 살짝 한다. 시럽이 굳기 전에 현미 튀긴 것, 우려 마신 찻잎이나 가루차·잣·통깨·대추·땅콩·검은콩 등 견과류를 넣어 버무리면 된다. 한 입에 넣을 수 있도록 동그랗게 만들어야 한다. 주부의 손에는 오로라가 있어 음식의 효능이나 먹는 이의 기분을 한층 돋워 준다. 시중에 선보이는 네모진 강정은 재료에 상처를 줘서 기분 좋은 과자는 아니다.

차 강정은 영양은 물론 찻잎과 단맛 덕분에 머리 회전이 잘 되게 해 공부하는 아이들의 간식으로 그만이다. 옛 왕가에서 왕세자가 밤늦도록 글을 읽을 때 차와 함께 내놓은 음식이기도 하다. 새해를 상징하는 둥근 모양의 강정을 먹으면서 한 해의 삶도 맺힌 곳 없이 둥글둥글 했으면 하는 소망까지 담은 과자이다.

## 대보름 찻상에서 소망을 빌다

차문화가 한참 꽃피던 고려 때는 정월 대보름에 상원연등회의上元燃燈會議라는 국가적인 큰 행사가 있었다. 이때 임금과 신하와 백성이 한데 어울려 차를 마시면서 한 해의 안일을 기원했던 일을 『고려사』에서 전하고 있다. 각 가정에서도 차 한 잔을 달여 천지신명에게 한 해의 소망을 빌기도 했다.

보름 찻자리는 너와 지붕 아래 기초공사로 올리는 얇은 돌 매트 위에 소금을 넉넉히 놓아 눈을 상징했다. 소금 사이에 소나무를 꽂아 늘 푸른 소나무처럼 가정에 푸른 기운이 감돌기를 기원하고 그 옆으로 붉은 초에 불을 당겼다.

숯물을 들인 무명천 테이블보를 깔아 음의 기운이 사라지지 않으니 더욱 조심해야 한다는 뜻을 담았고 검정색과 조화를 이루는 회색 매트와 수복강녕이 수놓아진 화사한 수저집을 놓아 음·양의 어울림을 표현했다. 수저집은 건강과 복을 상징해 돌상이나 혼인 때 어머니들이 자녀에게 선물했던 예술품이다.

## 차 약식

보름 찻상에는 오곡밥 대신 가루차 약식을 다식으로 준비했다.

찹쌀을 불렸다가 밤과 대추와 콩을 함께 넣어 고두밥을 찌고 설탕과 가루차를 섞어 살짝 김을 올린 다음 손으로 둥글게 빚는 차 약식은 차가 들어가 음식이 약이 되는 약식동원藥食同源이다.

정월 보름날 약식을 먹는 유래는 그 역사가 깊다. 『삼국유사』에는 다음과 같이 적혀 있다.

정월 보름날 임금이 신하와 함께 경주 남산 동쪽 기슭에 천천정이란 정자에 거동하였다. 앞에 있는 연못에서 까마귀 한 마리가 날아오더니 입에 물고 있던 봉서 한 장을 떨어뜨리고 날아가 버렸다. 신하들이 이상히 여겨 임금에게 올렸는데 봉서 안에는 이런 글이 쓰여 있었다. '봉한 것을 뜯어 보면 두 목숨이 죽고 뜯어 보지 않으면 한 목숨이 죽으리라'. 임금이 좌우에 늘어선 신하들에게 의견을 묻자 분분했다. 임금은 두 목숨이 죽는 것보다 한 목숨이 죽는 것이 나으니 그대로 두자 하였다. 그러자 한 늙은 신하가 '신이 생각하건데 한 목숨이라 함은 대왕을 이르는 것이요, 두 목숨이라 함은 신민을 뜻하오니 그 봉서를 뜯어 보시는 것이 어떨까 합니다' 했다. 임금은 신하의 말대로 그 봉서를 뜯었다. 거기에는 '지체 말고 어서 궁중으로 돌아가서 내전 별방에 있는 금갑을 쏘라' 는 내용이 적혀 있었다. 임금과 신하들은 서둘러 대궐로 향하였다. 그때 내전에 있던 왕비

가 대왕이 거동한 틈을 타서 가까이 하던 신하와 역모를 꾸미는 중이었다. 내전으로 들어선 소지왕이 별방에 있는 금갑을 향하여 화살을 쏘자 장이 둘로 갈라졌다. 거기에는 왕비와 역신이 벌벌 떨고 있었다. 두 사람은 역모 사실을 자백하고 처형을 당했다. 소지왕은 까마귀의 은례에 보답하기 위해 정월 보름에 약밥을 지어 까마귀에게 먹이도록 했다. 그 풍속이 근년에까지도 내려왔다.

수천 년 전해 오는 음식문화에는 흥미로운 전설과 그 계절에 알맞은 건강이 담겨 있어 21세기에도 정월 보름날엔 반드시 오곡밥과 나물, 땅콩 등을 먹는다.

◆ 차
약
식 ◆

**재료** 불린 찹쌀 5컵, 가루차 2작은술, 밤 1컵, 잣 2큰술, 설탕 1/2컵, 소금 1작은술, 대추 1개

**조리법** 01 찹쌀은 1시간 정도 불린 뒤 찜통에 베보자기를 깔고 40분간 찌는데 도중에 주걱으로 위 아래를 두세 번 고루 섞어 준다. 02 대추는 씨를 빼고 채 썬다. 03 찐 찹쌀밥은 넓은 그릇 에 붓고 식기 전에 채 썬 대추와 설탕, 소금, 밤을 넣고 10분간 더 찐다. 04 3에 가루차와 잣을 넣고 한 번 더 고루 섞은 다음 은박지 틀에 담아 모양을 만든다. 가루차를 늦게 넣는 것은 색을 곱게 하기 위함이다.

# 차의 성분과 효능

차나무는 품종, 재배조건, 찻잎 따는 시기, 토질, 제조 및 우려 내는 방법에 따라 성분이 크게 달라진다. 주요 성분으로 미네랄, 타닌, 카페인, 아미노산, 당질, 비타민, 무기질 및 색소 등이 있다.

허준의『동의보감』에는 '성품은 차고, 맛은 달고, 쓰며 독기는 없다. 체한 음식을 삭이고 기력을 내리고 눈과 머리를 맑게 한다. 소변을 통하게 하고 소갈(消渴)을 멈추고 불에 덴 독을 푼다'라고 돼 있다.

차의 효능은 빨리 효과를 보는 것과 서서히 보는 경우가 있다. 차를 마시는 즉시 느낄 수 있는 효능은 갈증·피로·졸음·권태 퇴치, 구치·배탈·두통·악취·숙취·기름기 해소, 소화 장애 회복 등이며 장기간 음용시 효능은 항암, 성인병 예방, 위장 및 간 기능 회복, 기억력·판단력·탐구력 증강, 감정 순화 등이다.

이 밖에 여러 의학 논문들은 농약, 방사능, 각종 공해 등으로부터 우리 몸을 보호하는 데 있어서 차 이상의 음료는 없다는 내용을 담고 있다. 차는 또 열량이 전혀 없어 다이어트에 효과적이다. 중국인들은 이를 이용해 차에다 첨가물을 넣어 '감비차'라는 이름의 상품을 내놓은 바 있다.

# 2月

## 차 마시기 좋은 때

매화를 기다리는 마음을 담아 묵은 차로
차밥을 짓고 향기 잃은 묵은 차에 현미를 섞고
배추전을 지져 실속 있는 찻상을 차렸다.

　"인간의 문화와 그 행복이라는 관점에서 차의 발명보다 더 중요한 건 인류 사상 일찍이 없었다"고 말한 린위탕 林語堂(1895~1976)은 그의 저서 『생활의 발견』 에서 차를 즐길 수 있는 사람의 자질과 차를 즐기기 위한 기술 열가지를 적었다. 차를 즐기며 81세까지 장수한 중국의 석학은 어떤 모습으로 차를 디자인했을까?

　"차를 충분히 즐길 수 있는 사람은 친구의 우의를 아는 사람, 모임을 이루는 데 매우 세심한 사람, 천성적으로 여유로움을 사랑하는 사람에 한정되어 있다"며 무엇보다 '사물의 기분'이라는 것이 있어 차 생활을 즐기는 술법을 배워 분위기를 연출할 줄 알아야 한다'는 점을 강조했다.

　"몇 개의 기둥으로 만든 조그마한 오두막 한 채, 무궁화로 생울타리를 두르고 자그마한 정자의 지붕은 풀로 인다. …… 방 안의 사면 벽은 맨벽으로 비워 둔다. 다만 책과 검을 벗 삼고 거문고 한 틀도 있으면 좋다"며 차실 풍경도 들려준다.

"벗을 초대하고 집 안을 청소하고 찻물을 달이기 위한 찻자리 꾸밈은 차를 마시는 즐거움의 절반"이라고 말하는 그는 차의 기술을 익혀야 찻자리의 완성도를 높일 수 있다며 본인의 체험에서 얻은 비결을 짚어 준다.

## 맛있는 차, 그 비책

1. 차는 냄새가 타기 쉬우므로 깨끗한 곳에 보관할 것

2. 시원하고 습기가 없는 곳에 둘 것

3. 하루 동안 마실 양을 작은 항아리에 옮겨 담아 둘 것

4. 변질을 예방하기 위해 약한 불에 쬐여 차맛을 살릴 것

5. 깨끗하고 순수한 물을 구할 것. 이제 막 길어온 물로 달여야 차의 기가 산다.

6. 진귀한 차기 감상은 조용한 친구들과 자리를 함께하는 게 좋다.

7. 일반적인 차색은 엷은 황금색이며 모든 암흑색 차는 우유·레몬·박하 등을 넣어 차가 지닌 쓴맛을 없애는 게 좋다.

8. 차는 후미後味가 있어야 하며 마신 뒤 30초쯤 지나 화학적 요소가 침샘에 작용하는 시간을 지났을 때 느끼는 맛이 있어야 좋은 차다.

9. 차는 신선한 것을 우려서 곧 마셔야 하며 맛있는 차를 즐기고 싶으면 한 번 따른 뒤 남은 차를 너무 오랫동안 찻주전자에 담아 두지 않는 것이 좋다.

10. 혼합물은 일체 금물이다. 재스민이나 다른 향기를 넣는 것은 그 사람의 특별
    한 기호이지만 차는 차만으로 달여야 제 맛이다.


이런 규칙을 잘 지켜 우려 내는 차의 향기를 "갓난아이의 살결에서 풍기는
아련한 향기"라고 했다. 차의 풍미를 높일 수 있는 예를 조목조목 들려주기
도 하는데, 긴 다력茶歷에서 경험한 당부 글이야말로 진정한 찻자리 디자인에
가장 좋은 조언이 아닐까 싶다.


## 차 마시기 좋은 때


린위탕은 또 500여 년 전 중국 명나라 때 차인 허차서許次紓의 『다소茶疏』를
인용해서 차 마시기 좋은 때를 요약한다.


1. 마음과 손이 한가할 때

2. 시를 읽고 피로를 느낄 때

3. 생각이 어지러울 때

4. 음악 감상을 할 때

5. 휴일에 집에 머물고 있을 때

6. 거문고를 뜯고 그림을 볼 때

7. 밝은 창과 깨끗한 책상을 향할 때

8. 아름다운 벗이 방문했을 때

9. 하늘이 맑고 바람이 고요할 때

10. 서재에서 향을 피울 때


이외에도 '일을 할 때나 큰비나 눈이 내릴 때, 손님이 많이 모인 주연의 자리에서는 차를 마셔서는 안 된다'고 했다. '볼품이 없는 기구나 놋숟가락, 놋가마' 등 피해야 할 것과 '습기찬 방이나 부엌, 시끄러운 길, 격하기 쉬운 사람들' 등 멀리해야 할 물건과 장소도 말하고 있다.


## 우주가 디자인한 찻자리, 사계


중국의 문인들만 차를 디자인한 것은 아니다. 한국의 석학 다산 정약용 선생은 백련사의 혜장 스님에게 보낸 「걸명소乞茗疏」에서 차 마시고 싶은 때를 적고 있다.


1. 아침 햇살이 피어날 때

2. 맑은 하늘에 구름이 둥실 떴을 때

3. 낮잠에서 갓 깨어났을 때

4. 밝은 달이 시냇가에 떠 있을 때

다산은 이러한 때 한 잔의 차가 목마르다며 남은 차가 있으면 나누어 달라고 했다. 또 찻자리에 따라 차맛이 다름도 전하고 있다.

"바람 부는 산, 등잔 밑 따끈한 차 한 잔은 자순의 향이요. 불을 지펴 새 샘물 길어다 집 밖에서 달여 신령께 올리는 차는 백토白兎의 맛이다. 꽃 청자 홍옥 잔을 쓰던 노국공의 사치에 따를 수 없고, 돌솥에 푸른 연기 지피는 검소함은 한비자에 미치지 못하나 게 눈이니 고기 눈이니 하는 옛 선비들의 흥취를 부질없이 즐기는 사이에 궁궐의 용단 봉병은 이미 다 없어져 버렸다"고 하며 고급 차가 아니어도 남은 차가 있으면 보내 달라는 글을 임금님께나 올리는 소疏 형식으로 써서 천진스럽게 차를 구걸했다.

다산은 강진에서 귀양살이를 할 적에 주변 선비들을 모아 '죽란시사'라는 시동인회를 만들어 그 모임의 시기를 사계절로 정했다.

잔설이 남아 있는 매화 필 적에 만나 매화차 한 잔에 시를 띄우고, 복사꽃이 필 때 만나 도화차를 마셨을 것이다. 난초꽃 도도할 때 칼날 같은 난 잎을 붓 끝에 피우며 차 겨루기를 했을지도 모를 일이다. 인고의 꽃으로 상징되는 국화꽃이 필 무렵엔 국화차 한 잔 기울이며 음풍농월吟風弄月만이 아닌 삶 속의 멋과 맛, 계절의 아름다움까지 즐겼을 것이다. 마지막으로 첫눈이 내리면 만나 따뜻한 황차 한 잔을 마시는 소박한 정경이 풍경처럼 그려진다. 그의 찻자리야말로 우주가 디자인한 서정적인 찻자리가 아니었을까.

# 매화 찻상

매화 소식이 차인들의 차실에 속속 배달되는 2월이다. 경북 경주시 강동면 양동리에 있는 경주손씨 대종택 뜰에 있는 늙은 매화 가지에도 꽃망울이 분분했다. 500년 세월의 삭풍에도 모나지 않았던 꿋꿋한 고택. 사랑채 서백당書百堂 누마루 한쪽에 놓인 다로의 찻물이 송풍회우松風檜雨 소리를 낸다. 청둥오리 한 무리가 처마에 내려 앉아 종가댁 가족 차회를 엿보고 있었다. 조선 세조 때 이시애 난을 평정한 양민공 손소襄敏公 孫昭(1433~1484) 선생의 종가에서 본 매화차 놓인 찻자리 풍경은 가족 찻자리의 전형이라 할 수 있었다.

안동김씨 며느리였던 고령신씨 묘지명은 조선시대 여인들에게 있어 '차를 달이는 일이 음식에 간을 맞추고 조부님을 수족같이 모시는 일같이 중요한 직무였음'을 보여 주어 흥미롭다.

시는 인공의 낙원이고 숲은 자연의 낙원이고 한 모금의 차는 그 모든 낙원을 다 합친 것과 같다고 노래했던 시인의 말에 귀가 열리는 날, 매화차 한 잔으로 햇차에 대한 갈망을 달랠 수 있을 것이다.

매화를 기다리는 마음을 담아 묵은 차로 차밥을 짓고 향기 잃은 묵은 차에 현미를 섞고 배추전을 지져 실속 있는 찻상을 차렸다. 식후 디저트로 말려 둔 매화차를 달여 마신다.

**재료** 배추 1통, 달걀 2개, 부침가루 적당량, 홍고추 1개, 풋고추 1개, 실파·소금 약간

**조리법** 01 배추는 모양대로 뜯어 소금물에 살짝 절인 뒤 씻어 물기를 뺀 다음 부침가루를 살살 뿌려 둔다. 02 부침가루에 달걀을 넣어 되직하게 반죽한다. 03 팬에 기름을 두르고 반죽에 배추를 살짝 담갔다가 팬에 올려 놓고 곱게 채 썬 홍고추와 청고추 실파를 얹어 앞뒤가 노릇하도록 부친다. 다 익으면 죽죽 찢어 양념장에 찍어 먹는다.

  ≫ 경북 안동지역에서 배추전은 제사상에도 오르는 별식 요리다.

# 녹차밥

**재료** 멥쌀 2컵 반, 녹차10g, 물 3컵, 양념장

**조리법** 01 멥쌀을 씻어 30분간 불린다. 02 녹차를 다관에 넣어 미지근한 물 3컵을 붓고 10분간 우린다. 03 우려 둔 찻물로 밥물을 맞추고 밥이 다 될 무렵 우려 낸 찻잎을 넣고 뜸을 들인다. 이렇게 해야 찻잎이 누렇게 변하지 않고 밥 색깔도 곱다. 04 다 된 밥은 주걱으로 털어가며 그릇에 담아 양념장에 비벼 먹는다.

>> 차밥은 지은 후 바로 먹는 것이 좋다. 그대로 두면 갈색으로 변하는데 몸에는 해롭지 않지만 식욕이 떨어질 수 있다.

◆ 녹차 물김치 ◆

**재료** 무 500g, 달걀 1개, 녹차 10g, 물 2컵, 생강물 1작은술, 실고추·석이버섯·무순 약간씩, 소금·설탕·식초 적당량

**조리법** 01 무는 몸통이 깨끗하고 빛깔이 흰 것을 골라 씻어 3cm 길이로 자른다. 02 썰어 둔 무 양쪽 옆에 나무젓가락을 놓고 가로, 세로로 잘게 칼집을 넣은 다음 뒤집어서 깍두기 모양으로 썬다. 03 물 1컵에 소금 1작은술, 설탕 2작은술, 식초 2작은술을 섞어 식초물을 만든 다음 썰어 둔 무에 부어 3시간 정도 간이 배게 한다. 04 녹차는 미지근한 물 1컵을 붓고 2분 동안 우려 낸다. 05 찻물에 생강물·소금·설탕·식초를 넣어 새콤달콤한 국물을 만든다. 06 달걀은 흰자와 노른자로 나눠 지단을 부치고 석이버섯은 불려서 채 썬다. 무순은 씻어 둔다. 07 절여 둔 무의 물기를 빼고 칼집 넣은 사이에 달걀 지단과 석이 버섯·무순·실고추를 끼워 그릇에 담고 간해 둔 찻물을 부어 상에 낸다.

# 다구 茶具

찻자리를 준비하다 보면 먼저 아름다운 차기에 마음이 쏠린다. 마셔서 몸을 보호해 주는 것이 차가 가진 약성이라면 차그릇은 차문화를 이루어 가는 바탕이 된다. 커피 잔에 담겨진 차보다 자연을 닮은 질박한 분청 찻잔에 담긴 차가 더욱 귀하게 보이는 것도 그런 이유이다. 머그잔을 이용해 간편하게 마실 수도 있지만 굳이 차기를 구입하는 이유도 여기에 있다. 차 생활의 여유와 정성을 다해 찻자리를 표현하려면 다관, 찻잔 등 여러 가지 다구가 필요하다. 처음에는 격식을 차리는 것 같아 부자연스럽게 느껴지지만 사용하다 보면 질서가 있어 오히려 편리함을 느낄 수 있다.

봄에는 꽃무늬가 있거나 밝은 회색이 바탕인 화사한 다기가 좋다. 여름엔 백자나 유리 다기가 좋다. 가을엔 연갈색 분청 차기가 따스한 느낌이 나고 겨울엔 진갈색이나 짙은 차기가 좋다.

차기를 구입할 때는 5인용 차기를 구입하지 말고 3인용 차기를 두 벌 구입하면 활용하기가 좋다. 다관이 두 개여서 하나는 차를 우리고 하나는 나눔 다관으로 쓴다. 찻잔도 여섯 개로 넉넉해 하나가 깨져도 5인 찻상에 무리가 없다.

❖ **다관**(茶罐, 찻주전자)

차를 우리는 찻주전자이다. 다관이란 용어는 『조선왕조실록』에서 보인다. 세종 5년 8월 13일 중국 사신 해수가 석등과 동으로 만든 관분을 선물로 가져와 우리의 동다관과 녹피와 인삼을 달라고 하는 대목이 있다. 『다산문집』에는 다산이 청평사에 유람을 떠나면서 약탕기와 차관을 준비해 갔다는 기록이 있다.

다관은 손잡이의 위치에 따라 상파형(上把形), 후파형(後把形), 횡파형(橫把型)으로 구분한다.

❖ **찻종**(茶鍾)

차를 우려 담아 마시는 찻잔이다. 『다신전』 찻잔 편에서 '잔은 눈처럼 흰 것이 으뜸이다'라고 했다. 『조선왕조실록』을 보면 '은찻종', '옥찻종', '분색찻종' 등의 말이 쓰이고 있으며 간혹 '배(杯)'라는 말이 보이기도 한다. 찻종을 고를 때는 입구가 바닥보다 약간 넓은 것을 선택하는 것이 마시기 편하다.

❖ **차호**(茶壺)

차를 낼 때 차통의 차를 우릴 만큼만 넣어 두는 작은 항아리다. 뚜껑 모양에 따라 차호와 차합(茶盒)으로 구분된다. 중국에서는 다관을 차호로 적고 있다

### ❖ 차시(茶匙)

차를 다관에 넣을 때 사용하는 찻숟가락이다. 『세
종실록』에 전다구(煎茶具)에서 찻숟가락으로 보이
는 다시(茶匙)가 나온다. 대나무의 절반을 쪼개어
만들거나 대나무 뿌리를 이용하기도 한다. 당나라
때 육우(陸羽)는 찻숟가락을 차칙(茶則)이라 하여
바다조개 껍질, 굴 껍질로 만들었고 구리, 쇠를 쓰
기도 했다. 우리나라 개성 부근에서 출토된 찻숟가
락은 구리로 만들어져 있고 손잡이 중간 부분에 대
나무의 결이 새겨져 있다.

### ❖ 숙우(熟盂, 물 식힘 사발)

끓인 물을 차를 우려 마시기에 적당한 온도로 식
히는 데 사용하는 그릇이다. 숙우(熟盂) 또는 귀때
사발, 유발(乳鉢)이라고도 한다. 재탕이나 삼탕의
차를 낼 때 한꺼번에 따라 손님에게 내는 데 쓰기
도 한다.

❖ **찻잔 받침**(茶盞托, 차잔탁)

잔받침은 찻종을 받치는 것으로 고려시대는 은잔
에는 은받침을 썼다. 대체로 나무받침, 도자기받
침, 조각보를 이용해 만든다. 도자기 받침은 찻잔
과 부딪치면 소리가 나기 때문에 나무로 만든 것을
많이 사용한다.

❖ **개반**(蓋盤, 뚜껑받침)

나무나 도자기 등으로 만든 것이 있고, 옛날
떡살로 사용했던 것도 멋이 있다.

❖ **퇴수기**(退水器, 물 버림 사발)

예열했던 찻잔의 물을 버리는 그릇이다. 차기와 같
은 색이나 소재로 된 것이 찻자리를 꾸밀 때 한결
좋다.

### ❖ 찻상보(茶床褓)

고려 때 서긍이 기록한 『고려도경』에서 찾아볼 수 있다. 홍조에 다구를 진열한 다음 붉은색(紅紗巾)으로 덮었다고 전하고 있다. 붉은색은 태양을 상징하고 밝음은 어둠을 물리치는 능력이 있다고 믿어 홍보는 의례용으로도 많이 쓰인다. 조선시대에 홍색은 왕가를 상징하는 색으로 여겨 예종(1468) 때는 서민들이 붉은 옷이나 붉은 보자기를 쓰지 못하도록 하는 금지령이 내려지기도 했다. 계절에 맞는 소재나 차색에 어울리는 찻상보를 쓰는 것에서도 차 생활의 멋을 느낄 수 있다.

### ❖ 차행주(茶巾)

찻잔을 닦을 때 사용하는 행주로 새하얀 무명천으로 만들면 좋다. 우리나라에서 차행주의 기록은 찾을 수 없으나 육우의 『다경(茶經)』에서는 건을 '성근 비단으로 만든다'라고 하였다. 또 중국의 송나라 때 심안노인(審安老人, 1269)의 『다구도찬(茶具圖贊)』에는 다건을 '사직방(司職方)'이라 하였고 이에 대한 설명을 덧붙였는데 "소박하고 질박한 성품이 경위를 가지고 있어 종신토록 더러워져도 검어지지 않는 것이 바로 공자가 말하는 청결함과 겨눌 만하다"라고 했다. 초의선사가 『만보전서』에서 옮겨 적은 『다신전』「식잔포(拭盞布)」에는 "차 마시기의 전후에는 가는 베 수건을 갖추어 잔을 닦아 쓴다"고 하였다. 무명천을 길이 25센티미터, 폭15센티미터의 크기로 다겹으로 만들어 쓰면 편리하다.

❖ **저수**(貯水, 물을 담아 두는 항아리)

초의선사가 옮겨 적은 『다신전』 「저수편」에는 다음과 같은 내용이 있다. "물 담는 독은 모름지기 그늘진 마당 복판에 놓고 비단으로 덮어서 별과 이슬의 기운을 받게 하면 뛰어난 영기가 흩어지지 않고 신령스러운 기운이 언제나 간직된다. 가령 나무나 돌로 누르고 종이나 대 껍질로 봉하여 햇볕 아래서 쬐면 밖으로 신령스러움이 줄어서 흩어지고 안으로는 그 기운이 물의 신령스러움을 해친다."

❖ **찻상**(茶床)

다기를 올려놓는 상을 말한다. 나무 상을 많이 사용하며 둥글거나 네모난 것을 많이 사용한다. 다리가 있는 것과 없는 것이 있으며 크기는 다기를 모두 올려놓을 수 있을 정도면 된다. 옛날 떡판 같은 것을 사용하면 정취 있는 찻상이 된다. 궁중 행사 때는 찻상을 다정(茶亭)이라 하기도 했다.

❖ **다식 그릇**

찻자리에 어울리는 다식을 담을 그릇도 계절에 따라 소재를 달리한다. 봄에는 밝은 도자기가 좋고 여름에는 대나무로 만든 소쿠리나 유리가 시원하다. 가을이나 겨울에는 분청 접시나, 놋으로 만든 소재 등 투박한 그릇이 좋다.

❖ **차반**(茶盤)

굽이 달린 낮은 상으로 다구를 진열하고 차를 나르기도 한다. 차반에 하얀 다포를 깔면 청결해 보인다. 왕가의 연회를 기록한 『진연의궤(進宴儀軌)』에는 '은다관, 은찻종, 황칠소원반에 작설차 일기를 담아 올린다'라고 했다.

# 가루차 다구

### ❖ 차완(茶碗)

가루차 타는 법은 점다법이라 한다. 점다법에는 다관이 필요 없다. 다완 하나면 된다. 차완 또는 찻사발로 불러지는 다완은 생산지에 따라 이름이 붙여지는데 '정호다완' '양산사발' '진주사발' '웅천다완' 등이 그것이다. 또한 문양에 따라 인화문 등으로 불러지며 그중 천목(天目) 잔은 하늘의 눈을 닮은 그릇이라는 뜻이다. 신라 토기, 고려청자, 조선 백자 등 만들어진 시대별로 불리기도 한다.

### ❖ 차호(茶壺)

가루차를 나누어 넣어 두는 차통이다. 뚜껑이 몸통을 감싸는 차합이 많이 쓰인다.

### ❖ 표자(瓢子, 물바가지)

물 뜨개라고도 하는 표자는 물항아리에서 물을 떠 차솥에 붓거나 솥에서 끓는 물을 떠서 다관이나 식힘 그릇으로 옮기는 데 쓰이는 다구이다. 끓인 차를 차완에 떠서 마시는 데 쓰이기도 했다. 우리나라에서는 통일신라와 고려 때 청동과 나무로 된 표자를 사용했다는 기록이 있다. 조선시대에는 청동 은표자에 나무 자루를 길게 박아 쓰기도 했고 대나무를 사용하기도 했다.

### ❖ 차선(茶筅)

찻솔이라고도 하는 차선은 찻사발에 가루차를 넣고 더운 물을 부어 차와 물이 잘 섞이게 휘저어 거품을 내게 하는 도구다. 차선은 하나의 대나무를 잘게 쪼개서 만드는 것으로, 60선에서 80, 100, 120선까지 다양한데 100선이 사용하기에 알맞다. 선이라 함은 대나무를 잘게 쪼갠 가닥의 수를 말하는 것으로 그 수가 많으면 가늘고 적으면 굵다. 『다경』에도 차선을 사용한 기록이 있다. 400여 년 전 예절 책 『가례집람』「제기도」에도 차선이 보인다. 가루차를 휘저어 제사상에 올렸던 것이다. 차선은 전남 담양과 강원도 등지에서 생산되고 있다. 지금의 차선이 있기 전에는 대나무 잔가지나 굵은 솔잎, 솔뿌리, 억새 종류의 풀뿌리를 묶어 사용하였던 것으로 전해진다.

### ❖ 차시(茶匙)

고려 숙종 때 고려를 다녀간 손목(孫穆)이 쓴 『계림유사(鷄林類事)』를 보면 다시가 다술(茶戌)이라고 기록돼 있다. 국립중앙박물관에는 끝이 작은 고리쇠가 달린 찻숟가락이 보관돼 있는데 일본의 나까오(中尾萬三)는 이를 차선의 일종으로 해석하기도 했다. 길이 17.9센티미터에 손잡이에는 꽃잎 모양이 일곱 개 있고 각 두 개씩의 고리가 달려 있다. 또 하나의 다술은 입술에는 개원통보(開元通寶)란 명문이 새겨져 있으며 길이 20.6센티미터에 둥근 손잡이 가운데에 창처럼 새긴 장식이 있고 고리가 아홉 개 달려 있다. 이 찻술은 개성 부근에서 출토된 것이라 한다.

그 외 탕관이나 차 수건, 버림 그릇 등 잎차 때 사용하던 것을 쓰면 된다.

## ❖ 선물로서의 다관

우리나라가 독자적으로 차문화를 발전시켜
왔다는 건 차례 외에도 차 도구에서 볼 수 있
다. 태종 때 외국 사신의 예물로 동다관을 들
려 보낸 기록이 그것이다. 세종 때 영의정을
지낸 하연(1376~1453)은 친구로부터 철다관
을 선물 받고 차를 끓여 마시며 '이 철다관은
나의 가난한 집에서는 예기와 같이 귀히 여긴
다'고 했다. 또한 잎이 너른 사발 모양은 찻사
발이라 했고, 잎차를 마시는 찻잔은 작은 종
모양을 닮았다는 뜻으로 분색 찻종이란 이름
으로 차별화했다. 1829년 명전전에서 열렸던
진찬의궤를 그린 「진찬도」에는 찻잔을 올리
는 다정이 보인다. 윗손잡이 은차관과 뚜껑
있는 은찻잔과 옥찻잔도 있었다.

왕실 상징 은찻잔

## ❖ 글자 적힌 찻잔

1975년에 실시한 안압지 발굴조사에서 정다영
(貞茶榮)이란 글씨가 새겨져 있는 토기찻잔이 출
토돼 화제가 됐던 적이 있다. 이 잔은 사발 정도
의 크기로 찻그릇에 글자가 적힌 것은 유사 이래
처음이다.

# 차, 그 아름다운 행다법

차를 우려 내는 일을 우리는 흔히 행다行茶라 한다. 귀한 손님을 위해, 사랑하는 가족을 위해, 아니면 자신을 위해, 정성을 다해 차 한 잔을 내는 일에는 감동이 있다. 그 감동은 아름다움으로 이어져 평생 잊지 못하는 찻자리로 남을 것이다.

## 왼편에 찻잔, 오른편에 다관

우리의 행다법은 역사적으로 뚜렷이 남아 전하는 게 없지만 일본에 그 전적을 두고 있다고 주장하는 구태의연한 사고방식의 사람들에게 경종을 울리는 소박한 찻자리가 있어 소개한다. 조선후기 대흥사에서 수도를 했던 범해선사梵海禪師 (1820~1896)가 쓴 「다구명茶具銘」이란 시이다.

생애가 맑고 한가하여 生涯淸閑

두어 말 작설차 있다네 數斗茶芽

일그러진 화로 놓고 設苦窳爐

문무화를 피웠네 載文武火

오지 탕관은 오른쪽에 놓고 瓦罐列右

잔은 왼쪽에 두었네 瓷盌在左

오로지 차에 힘쓰는 것이 나의 일이니 惟茶是務

무엇이 나를 유혹하리 何物誘我

거칠고 비뚤어진 화로, 질 다관, 사기 찻종, 이 얼마나 소박한 차구들인가. 거기다 차를 우리기 편리하도록 차관은 오른편에 두고 찻잔은 왼편에 놓아 둔 자연스러운 다구 배열 또한 지금의 찻자리에 응용할 수 있는 귀한 전적이다.

## 차 마시는 자세

차를 마실 때는 오른손으로 찻잔의 옆을 살짝 들어 왼손바닥으로 받친다. 마실 때는 훌쩍거리는 소리를 내지 않도록 조심한다. 먼저 눈으로 그 초록빛 정취를 마시고 코로 향긋함을 들이마신 연후에 비로소 입에 머금어야 참맛을 느낄 수 있다.

해남에 있는 윤선도 종가의 안채다실. 종손과 종부가 예를 갖춰 차를 마시고 있다.

차와 함께 인생 길을 걷다

30대에는 어린잎을 우려 마시고 버리기 아까워 별미 요리를 만들어 이웃과 나누었다. 우리 집의 특별 차 요리는 결국 나라 안에서 처음으로 『차 요리』라는 이름표를 달고 책으로 세상과 조우했다. 이것이 오늘날 차 국수, 차 아이스크림 같은 티 푸드가 유행하는 데 밑거름이 됐다는 평가를 받았다.

딸들에게 우려 마신 찻잎으로 차 목욕을 하게 하고 머리에 린스 대신 찻물을 쓰도록 했던 40대에는 찌꺼기 찻잎으로 냉장고 냄새를 퇴치하는 생활의 지혜와 더불어 술 좋아하는 남편의 숙취 해독은 물론 감기에도 그만이라는 차의 효능과 쓰임새를 글로써 세상에 알렸다. 이 역시 한 권의 책이 되어 『차가 있는 삶』이란 이름으로 13년 전에 선을 보였다. 덕분에 차의 대중화에 촉매 역활을 했다는 인정을 받았다.

40대 후반에는 영역을 넓혀 야생꽃을 채취해 말리고 쪄서 꽃차를 만들었다. 나무의 잎과 뿌리 등으로 차를 달이는 이야기를 『우리 차 우리 꽃차』라는 책으로 발표해 수입 꽃차 일색이던 풍토에서 사람들이 우리 꽃차로 마음을 돌리는 데 기여했다는 찬사를 들었다.

50대에는 가족들의 성인식, 수연례, 혼인례, 상례, 제례에 술 대신 차를 내놓는 우리 집 통과의례가 간단하면서도 의미 있고 품격까지 있다며 입소문을 타 각 신문, 방송, 잡지 등의 스포트라이트를 받았다. 그 캠페인의 울림은 해가 갈수록 커지고 있다.

50대 중반부터 "차례에 정말 차가 오를까?"라는 화두를 안고 전국에 산재한 종갓집을 한 달에 한 번씩 10년 동안 취재해 120곳의 종가 이야기를 썼다. 종갓집 선조들은 대부분 조선시대 차인들이었기 때문에 종가 칼럼이 자연스럽게 차 칼럼이 됐다. 이 역시 4권의 책으로 묶여 독서 단체의 추천도서가 됐다.

차 한 잔이 놓인 그윽한 분위기에 끌려 장구한 세월을 일이관지—以貫之하는

데 다 써 버렸지만 딱 한 가지 정리하지 못한 일이 있다. 찻자리 꾸미기다. 요즘 말로 바꾸면 찻자리 디자인이다. 그런데 기회가 자연스럽게 찾아왔다.

3년 전 하동에서 펼쳐진 「야생차 문화축제」 때 주최측으로부터 '차 음식 특별 초대전'을 해 달라는 부탁을 받았다. 그 전시에서 사계절 찻자리를 차려 보았는데 이를 눈여겨본 「차와 문화」 이상균 편집장께서 계절별 찻자리를 꾸며 보지 않겠느냐는 유혹의 말을 건넸다. 나도 모르게 "네"라고 겁 없이 대답을 한 게 시작이었다.

## 소박한 찻자리를 꿈꾸다

2008년 가을부터 그 잡지에 기사를 연재했다. 차인들 앞에 내세울 만한 찻자리 꾸미기가 결코 만만한 일이 아니었음을 고백한다. 연재를 지켜본 선배 차인들과 재주 많은 후학들 중 질책의 쓴소리를 하고 싶었던 이들도 아마 많았을 테지만 나로서는 정말 최선을 다했다. 평소에 잘 가지 않는 남대문 그릇 시장, 동대문 천 시장, 고속터미널 꽃 시장, 인사동 골동품 상가를 돌면서 찻자리에 쓸 소품을 구하러 다녔다. 아이디어만 있으면 그 구성에 필요한 다양한 소품은 얼마든지 구할 수 있는 세상이 되었다.

고생스럽긴 해도 찻자리 꾸밈만큼 차 생활에 도움이 되는 것도 없다. 찻자리를 위해서는 먼저 찻자리 주제를 잡아야 하고 그에 알맞은 차를 알아야 하고 차와 다기의 궁합도 생각해 봐야 하고 계절에 어울리는 다식도 고민해야

한다. 함께할 차벗의 취향도 염두에 두어야 한다. 이 모든 것을 고려해야 하고 또한 독자들이 공감하는 철학을 표현해야 했기에 찻자리에 대한 글 쓰기가 나의 무딘 붓끝으로는 벅찼던 것이 아니었나 싶다.

빌딩이 숲이고 도로가 물이라는 지금의 풍수에서 옛 선비들이 누렸던 자연의 멋은 이제 더 이상 가까이에서 찾기 어렵다. 때문에 그 자연을 실내로 옮겨와 휴식을 취할 수 있도록 하는 게 바로 찻자리 꾸미기다. 그래서 찻자리에 올리는 모든 것은 최대한 자연 소재로 하려 했고 차를 비롯한 여러 가지 먹을거리 또한 우리 것으로 준비했다.

글로벌 시대에 우리의 차도 수입차에 밀려나고 있다. 마치 만병통치약인양 보이차에 막대한 돈을 낭비하고 중국의 용정차로 찻자리를 마련하면서,

우리 스스로 우리 차를 외면하고 있는 실정이다. 2,000년을 자랑했던 도자기 문화도 중국의 자사호紫沙壺에 밀리고 있는 것이 눈에 보인다.

이런 세태에 우리 차와 우리 그릇과 그 안에 담긴 우리 차의 정신이 세계적이라는 것을 찻자리를 통해 전하고 싶었다. 무엇보다 최저 임금의 저소득자라도 마음먹기에 따라 얼마든지 즐길 수 있는 소박한 찻자리를 펼쳐 보고 싶었다. 차를 연모하면서 보낸 40년 세월 동안 나도 박봉의 월급쟁이 주부였기 때문이다.

찻자리에 놓는 꽃도 들꽃이나 나뭇잎, 풀잎을 이용했다. 저분 받침이나 다식 그릇도 자연 그대로의 돌이나 열매, 말라 버린 나뭇가지를 활용했다. 다식도 직접 만들었다. 차를 마시면서 그윽하고 품격 높은 이야기 보따리를 풀어 낼 수 있기를 희망하며 찻자리를 꾸몄다.

구상은 물론 소품 준비, 요리하기, 꽃꽂이, 글 쓰기까지를 혼자 해내려고 하니 꽤 힘이 들었다. 무엇보다 공간이 넓어야 충분하게 표현할 수 있는 촬영은 사방이 책으로 둘러싸인 우리 집 거실에선 여간 어려운 게 아니었다. 배경으로 쓸 오래된 나무 대문을 구입하고, 백지 병풍을 맞추기도 했으며 테이블보를 만들기 위해 한복 치마를 뜯었다.

그간 사용된 다기는 협찬 받은 게 아니라 내 손에서 30년을 함께한 애장품들이다. 처음 구입할 때는 콩나물 값이었지만 세월의 무게가 이들 다기에 가치를 높여 주었다.

생활 속에 문화를 표현하려면 자신만의 찻자리를 한번쯤 디자인해 보라고 권하고 싶다. 이제 차는 마셔서 몸을 이롭게 하는 약용 음료에서 곤고한 삶에서도 한가함을 느끼게 하는 정신문화 음료로 자리 잡아 가고 있기 때문이다.

보잘것없는 찻자리를 뛰어난 감각으로 아름답게 표현해 준 「차와 문화」의 윤미연 사진기자에게 고마운 마음을 전한다. 윤기자가 미처 잡지 못한 그 외 사진을 보충해 준 「유교신문」 김치윤 기자와 종갓집 찻자리 등의 사진 협조를 해준 월간 『쿠켄』에도 감사 드린다. 끝으로 출간을 허락해 준 오픈하우스의 정상우 대표님과 열정을 가지고 이 책을 기획편집 해주신 김영훈 실장님, 책을 예쁘게 꾸며 준 디자이너 최선영님에게도 감사드린다. 모두 차덕茶德으로 여기겠다.

그저 개인의 흥취로 꾸며 본 특별할 것까진 없는 찻자리에 초대받은 독자 여러분의 가슴에도 향기로운 차향이 봄 안개처럼 피어났으면 좋겠다는 소망을 담아 2010년 황홀한 봄날 저녁 작가의 말을 마친다.

서울 우이동 삼각산 아래 문수원에서
소소 이연자

# 참고 문헌

서긍, 『선화봉사 고려도경』(1123), 민족문화추진, 1977

김부식, 『삼국사기』(1145), 이재호 역, 광신출판사, 1993

일연, 『삼국유사』(1282), 이재호역, 양현각, 1982

성현, 『국역 용재총화』(1400), 고려대 민족문화연구소, 1973

김수, 『수운잡방』(1540), 윤숙경 역, 신광출판사, 1998

이행찬, 『국역 신증동국여지승람』(1543), 민족문화추진회, 1969

강희안, 『양화소록』, 서윤희 이경록 역, 눌와, 1999

허준, 『국역 동의보감』(1611), 남산당, 1991

홍만선, 『산림경제』(1715), 민문고, 1967

빙허각 이씨, 『규합총서』(1815), 정양완 역주, 보진재, 1975

정학유찬, 『농가월령가』(1816), 박성의 주해

방신영, 『우리 나라 음식만드는 법』 장충도서출판사 1952

안동장씨, 『음식디미방』(1670경), 황혜성 역주 (영인본 ~ 해설편), 궁중음식연구원, 1985

『스포츠레저』, 한국일보사, 1984 9월 ~ 1985 11월

이성우, 『한국요리문화사』, 교문사, 1985

효동원, 『다향선미』, 비봉출판사, 1986

문일평, 『차고사』(1888~1939)

이목, 『다부』(1471~1498), 한재문집, 1981

허균, 『도문대작(屠門大嚼)』(1611)

린위탕, 『생활의 발견』, 김병철 역, 범우사, 1985

정영선, 『한국차문화』, 너럭바위, 1990

이규태, 『한국인의 음식이야기』, 기린원, 1991

박원기 편저, 『한국식품사전』, 신광출판사, 1991

이성우, 『한국식경대전』, 향문사, 1981

김명배, 『다도학논고』, 대광문화사, 1996

김대성, 『차문화 유적답사기 상·중·하』, 불교영상, 1994

김대성 오병훈 공저, 『꽃이 있는 삶 상·중』, 반야, 1995

한복진, 『우리음식 백가지 1·2』, 현암사, 1998

박희준, 『차 한 잔』, 신어림, 1994

황규선, 『풍요로운 날의 상차림』, 교문사, 2007

고명석, 「현대생활의 차의 효능」, 태평양박물관, 1982

김종오, 「조선시대 약차 연구」, 2010

『쿠켄』, 1998년~2010년 5월

『차인지』, 2004~2010년

『차와 문화』, 2009년~2010년

서유구, 『임원십육지』(1827)

홍석모, 『동국세시기』(1849)

『조선왕조실록』 태종~철종까지

『원행을유정리의궤』(1795)

안종수, 『농정신편』고종때

도융, 『고반여사』1590.

김장생, 『가례집람(家禮輯覽)』(1599)

# 찻자리, 디자인하다

ⓒ 이연자, 2010

**초판 1쇄 발행** 2010년 5월 7일

**지은이** | 이연자
**발행인** | 정상우
**기획·편집** | 김영훈·김세나·김두완
**마케팅·관리** | 현석호·이상구·최성민

**발행처** | 오픈하우스
**출판등록** | 2007년 11월 29일 (제13-237호)
**주소** | 서울시 마포구 서교동 465-18번지 (121-841)
**전화** | 02-333-3705 **팩스** | 02-333-3745

ISBN 978-89-93824-33-9   13650